5703-13 ———— 2.

Br sur toile

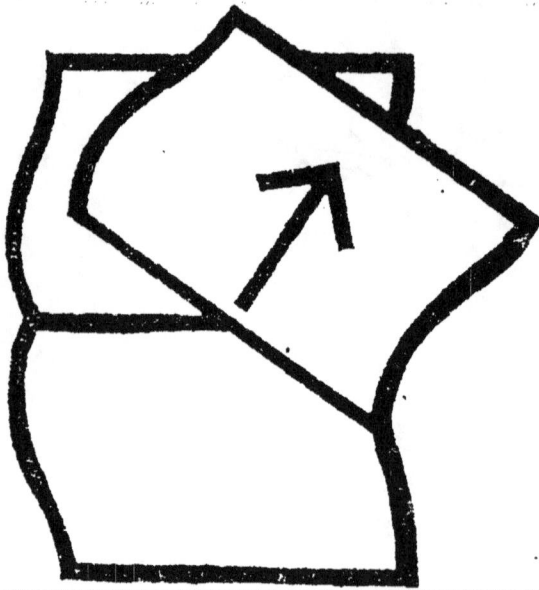

Couverture inférieure manquante

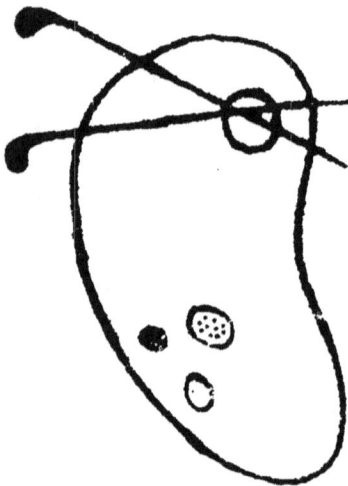

Début d'une série de documents
en couleur

SÉRIE CHRONOLOGIQUE

DES

GARDIENS ET SEIGNEURS

DES ILES NORMANDES

(1198-1461)

PAR

Julien HAVET

———❦———

PARIS

1876

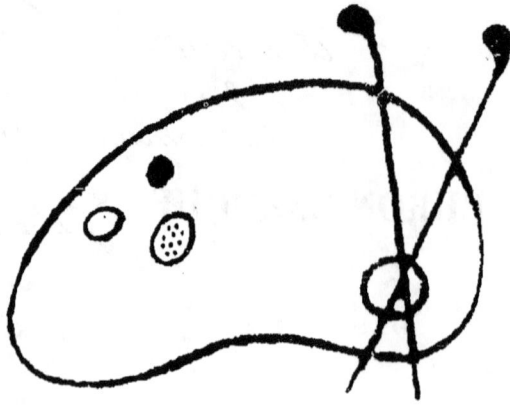

Fin d'une série de documents
en couleur

SÉRIE CHRONOLOGIQUE

DES

GARDIENS ET SEIGNEURS

DES ILES NORMANDES

(1198-1461)

PAR

Julien HAVET

———————

PARIS

1876

DES GARDIENS ET SEIGNEURS

DES ILES NORMANDES

(1198-1461)[1].

Jusqu'au commencement du treizième siècle, les îles de Jersey et de Guernesey, avec les petites îles qui en dépendent, firent corps avec le duché de Normandie. Le roi d'Angleterre, duc de Normandie, ne paraît avoir eu alors aucun officier investi du gouvernement général de ces îles; le grand rôle de l'échiquier de Normandie, de l'année 1180, mentionne seulement des fermiers entre lesquels était partagée l'exploitation du domaine ducal à Jersey et à Guernesey[2]. Ce fut seulement quand Jean Sans-Terre, en guerre avec Philippe Auguste, dut envoyer des troupes dans les îles pour les défendre contre une attaque possible des Français[3], qu'il établit pour commander ces troupes des officiers appelés gardiens, *custodes*. Cette institution des gardiens survécut aux circonstances qui l'avaient fait naître. Elle a subsisté, avec quelques modifications, jusqu'à nos jours.

1. Le présent travail est un fragment de la thèse de sortie que j'ai soutenue cette année à l'École des chartes.

2. Magni rotuli scaccarii Normanniæ... opera Thomæ Stapleton, t. I (Londini, 1840, gr. in-8°), p. 25 et suiv.

3. On sait que depuis Jean Sans-Terre les îles normandes sont restées, jusqu'aujourd'hui, entre les mains des rois d'Angleterre. La possession leur en a été officiellement reconnue par les rois de France, dans les deux traités de 1259 et de 1360. D'après le premier de ces traités le roi d'Angleterre devait tenir les îles du roi de France en fief, par foi et hommage; par le second le roi de France abandonna ce droit de suzeraineté. — Les îles n'ont jamais été incorporées à l'Angleterre ni au Royaume-Uni, et forment un domaine distinct parmi les terres de la couronne.

A l'origine, il n'y eut le plus souvent qu'un seul gardien pour toutes les îles. Cet officier réunissait tous les pouvoirs civils et militaires. Il présidait les deux *cours royales* de Jersey et de Guernesey. On l'appelait indifféremment gardien ou bailli (*custos, ballivus*).

Vers 1290, le gardien alors en charge, Othon de Granson, délégua la présidence des cours royales et l'administration civile des îles de Jersey et de Guernesey à deux officiers subordonnés, dont il fit approuver la création par le roi, et qu'il qualifia de *baillis*. Depuis lors il y a toujours eu dans les îles deux baillis, l'un à Jersey, l'autre à Guernesey, et le terme de bailli n'a plus été employé pour désigner les gardiens. Les fonctions de bailli et de gardien devinrent de plus en plus distinctes ; les baillis, à l'origine simples officiers du gardien, furent souvent, dès le quatorzième siècle, nommés directement par le roi ; depuis le dix-septième siècle, la couronne s'est réservé leur nomination d'une manière absolue.

Les gardiens, en théorie gouverneurs généraux des îles, devinrent de fait de simples commandants militaires. Au milieu du quinzième siècle, leur importance fut encore diminuée par le démembrement de leur charge. Jean Nanfan, qui en 1461 se laissa surprendre pendant la nuit, dans le château de Montorgueil à Jersey, par une troupe française, fut le dernier gardien des îles. Après lui, Jersey d'une part, Guernesey et les petites îles de l'autre, formèrent deux gouvernements distincts[1].

Dès le quatorzième siècle l'usage avait commencé à substituer au terme de gardien ceux de *capitaine* et de *gouverneur*. Ces nouvelles dénominations prévalurent aux quinzième et seizième siècles. Depuis le dix-septième siècle celle de gouverneur est seule restée en usage.

Aux temps modernes, l'habitude s'étant établie d'adjoindre aux gouverneurs des *lieutenants-gouverneurs* autorisés à les remplacer dans toutes leurs fonctions, la charge de gouverneur devint une sinécure. Elle fut supprimée, pour Guernesey en 1835, pour Jersey en 1854. Les chefs militaires des îles normandes sont aujourd'hui le lieutenant-gouverneur de Jersey et le lieutenant-gouverneur de Guernesey.

---

1. Il y avait déjà eu auparavant quelques exemples d'une division semblable.

Quelquefois, au lieu de nommer un gardien chargé d'administrer les îles pour leur compte, les rois d'Angleterre en firent une seigneurie qu'ils donnèrent en fief. Ceux qui les reçurent dans ces conditions furent appelés seigneurs des îles.

Plusieurs fois la seigneurie des îles fut donnée à titre héréditaire : ainsi la reçurent Jean Sans-Terre avant son avénement, Pierre de Préaux sous le règne de Jean, sous Henri III son fils Édouard, sous Henri V le duc de Bedford, etc. Quoique toutes ces concessions fussent en principe perpétuelles, aucune d'entre elles n'eut d'effet durable, parce que ceux à qui elles avaient été faites, ou parvinrent au trône, ou moururent sans laisser d'héritiers.

D'autres seigneurs avaient reçu les îles pour leur vie seulement. Ceux-là ne furent que des gardiens sous un titre plus pompeux. Il arriva qu'un même personnage fut désigné tantôt sous le nom de seigneur et tantôt sous celui de gardien[1].

L'intérêt d'une liste chronologique des gardiens et seigneurs des îles normandes n'est pas borné à l'histoire locale de ces îles; on y peut trouver aussi, comme dans toute table de chronologie, des renseignements utiles pour éclairer certains points de l'histoire générale. En voici un exemple. La chronique de Flandre qui a été publiée dans le 22e volume du recueil des historiens de la France mentionne un ambassadeur chargé d'une mission par le roi Édouard Ier, en 1292, qu'elle appelle le « seigneur de Grenesie[2] ». Les éditeurs ne paraissent pas avoir connu le véritable nom de ce personnage. Une table chronologique des seigneurs et gardiens des îles l'aurait fait connaître immédiatement. C'est, comme on l'a déjà remarqué[3], Othon de Granson, gardien ou seigneur des îles normandes de 1275 à 1328, et connu d'ailleurs par le rôle qu'il joua dans la diplomatie d'Édouard Ier.

La liste que je donne commence un peu avant la création des premiers gardiens, avec la *seigneurie* de Jean (Sans-Terre), mentionnée pour la première fois en 1198. Elle s'arrête au démembrement de la charge de gardien des îles, en 1461.

J'ai indiqué, en tête de l'article consacré à chaque personnage,

1. Voyez ci-après l'article consacré à Othon de Granson.
2. Recueil des historiens des Gaules et de la France, t. 22, p. 353 A.
3. G. Dupont, Histoire du Cotentin et de ses îles, t. II (Caen, 1873, in-8°), p. 183, n. 5.

le titre qu'il a porté, et les dates extrêmes de son gouvernement, *séparées* par un tiret. A défaut de la nomination, j'ai donné la date de la première mention, *précédée* d'un tiret; de même, à défaut de la date de la mort, révocation, etc., on trouvera celle de la dernière mention, *suivie* d'un tiret.

J'ai indiqué autant que possible pour chaque gardien s'il avait été nommé à vie, ou jusqu'à révocation (« quamdiu Regi placuerit », « durante bene placito »), ou enfin pour un nombre d'années déterminé. J'ai aussi reproduit les mentions qui nous sont parvenues sur les *fermes* imposées à divers gardiens. Le gardien avait ordinairement en guise de traitement la jouissance de tous les biens du domaine royal dans les îles, pendant la durée de sa garde. Ceux que les rois favorisèrent particulièrement obtinrent cette jouissance entière et gratuite. D'autres durent payer au roi une ferme annuelle en argent, fixée dans l'acte de leur nomination[1].

1. Le chiffre de la ferme des îles a souvent varié, soit à cause de quelque différence dans le taux de la monnaie, soit plutôt parce que la valeur des îles elles-mêmes a changé. La guerre les appauvrissait : le 8 juin 1342, dans Rymer, nous voyons le roi accorder une réduction au gardien Thomas de Hampton, dont la ferme, fixée d'après la valeur des îles en temps de paix, dépassait de beaucoup leur valeur véritable depuis la guerre. Voici le tableau des fermes imposées aux gardiens des îles, aux diverses époques où elles nous sont connues :

1242-52	Dreux de Barentin	Par an 175 livres sterling.
1252-54	Richard de Gray	200 —
1275-77	Othon de Granson	250 —
1331	P. Bernard et L. de Gaillard	500 —
1332-33	Th. Wake de Liddel	500 —
1335 et suiv.	G. de Montaigu et H. de Ferriers	250 —
1338 et suiv.	Thomas de Ferriers	250 —
1341 et suiv.	Thomas de Hampton	250 —
		(Réduction indéterminée, 1342)
1354-57	Guillaume Stury	200 —
1357	Othon (?) de Holland	200 —
1359-61	E. de Cheyny	300 —
1362-67	Le même	115 —
1367-73	Gautier Huwet	200 —

Pour apprécier convenablement ces variations, il faut songer que pendant la plus grande partie du règne d'Edouard III les biens des abbayes et églises du continent qui se trouvaient dans ses terres furent saisis en la main du roi. C'est en 1361 seulement qu'ils furent rendus à leurs propriétaires. Jusque là les revenus de ces biens s'ajoutèrent à ceux des biens de la couronne, et par conséquent, dans les îles, aux profits des gardiens.

Plusieurs gardiens ont eu des lieutenants nommés par eux-mêmes ou par le roi[1]. J'ai indiqué les noms de ces lieutenants à la suite de ceux des gardiens qu'ils furent chargés de suppléer.

J'ai recueilli aussi quelques renseignements au sujet des sceaux et des armes des personnages portés dans cette liste.

Je n'ai pu constituer une série tout à fait complète. On pourra plus tard, je l'espère, faire mieux. Voici la liste telle que j'ai pu la former[2].

Jean (*Sans-Terre*), **comte de Mortain** (ensuite roi d'Angleterre).
Seigneur des îles, — 1198—1199.

Avant de devenir duc de Normandie et roi d'Angleterre, Jean avait eu en apanage le comté de Mortain et la seigneurie des îles. Il nous est parvenu une copie d'une charte concernant Jersey, qui avait été rendue par Jean « dum fuit comes Mortonii et dominus Insularum ». Elle est datée du 8 février, la 9e année du règne de Richard Ier (1198)[3].

1. Quelquefois ces lieutenants furent eux-mêmes appelés gardiens.
2. Voici quelques-unes des principales abréviations employées ci-après dans l'indication des sources : — *Carte*, Catalogue des rolles gascons, normans et françois..., par CARTE, 1743, 2 vol. in-fol. ; — *Orig.*, les rôles de l'Échiquier d'Angleterre, dits « Originalia », conservés à Londres au Public Record Office ; — *Orig. abbr.*, Rotulorum originalium in curia scaccarii abbrevatio, (Lond.), 1805-1810, in-fol., tome II ; — *Pat. roll*, les « Patent rolls » ou rôles des lettres patentes, conservés au Public Record Office ; — *Placita de quo warranto*, l'ouvrage ainsi intitulé, (Lond.), 1818, in-fol. ; — *R. L. C.*, Rotuli litteratum clausarum in Turri Londinensi asservati, accurante Thoma Duffus HARDY, (Lond.), 1833-1834, 2 vol. in-fol. (quand le tome n'est pas indiqué il s'agit du t. I) ; — *R. L. P.*, Rotuli literatum patentium..., acc. Th. D. HARDY, (Lond.), 1835, in-fol. ; — *Rot. chart.*, Rotuli chartarum..., acc. Th. D. HARDY, (Lond.), 1837, in-fol. ; — *Rotuli parliam.*, Rotuli parliamentorum, ut et petitiones, et placita in parliamento, s. l. n. d., 6 vol. in-fol. ; — *Rymer*, Fœdera, conventiones, litteræ, etc. (au lieu du vol. et de la page qui varient selon les éditions, je cite les pièces par leur date) ; — *Second report*, Second report of the commissioners appointed to inquire into the state of the criminal law in the Channel Islands (presented to both Houses of Parliament by command of H. M.), London, 1848, in-folio. — Parmi les pièces du Public Record Office que je cite, il en est quelques-unes que je n'ai pas vues moi-même et dont je dois l'indication à M. Ch. Bemont.
3. Placita de quo waranto, p. 831, col. 1.

Pierre de Préaux.
Seigneur des îles, 1200—1203 —.

Pierre de Préaux, *Petrus de Pratellis,* seigneur normand, reçut du roi Jean, par une charte du 14 janvier 1200, renouvelée le 21 juin de la même année, les îles de Jersey, Guernesey et Auregny, à tenir du roi avec d'autres terres par le service d'un fief de trois chevaliers, « per servicium feodi trium militum[1] ». Je ne sais combien de temps il les garda. La donation de 1200 n'était pas définitive : le roi se réservait le droit de reprendre les îles, en pourvoyant le donataire autrement.

On a deux mandements adressés par le roi à Pierre de Préaux ou à ses baillis, le 12 novembre 1201 et le 13 août 1203[2]. On a aussi une charte de ce seigneur, de l'année 1203, par laquelle il donna les roches *Écrehou*, près de Jersey, à l'abbaye du Val Richer, pour y établir un prieuré[3].

Ce Pierre de Préaux joua un rôle dans la guerre entre Jean Sans-Terre et Philippe Auguste. Il fut l'un des défenseurs de Rouen, et l'un de ceux qui scellèrent la capitulation de cette ville[4].

Le sceau de Pierre de Préaux fait partie de la collection sphragistique des archives nationales de France (n° 3305). Il est en forme d'écu, et porte dans le champ les armes des Préaux, une aigle. Cette aigle est éployée. Autour du sceau se voit cette légende, peu distincte dans l'exemplaire des archives : + SIGILLVM PE[TRI DE] PRATELLIS.

Dans une charte du 19 mars 1216, par laquelle le roi Jean donnait diverses terres à *Guillaume* de Préaux (l'héritier de Pierre?), il lui promit, si cette donation ne pouvait être exécutée, ou bien de lui rendre les îles, « vel reddere eidem insulas de Geresye, faciendo inde nobis servicium ad predictas insulas pertinens », ou de lui assigner 300 livrées d'autres terres en Angleterre[5]. Cette promesse ne paraît pas avoir eu de suites, en ce qui concerne les îles.

1. Rot. Chart., p. 33, col. 2, et p. 71, col. 1.
2. R. L. P., p. 8, col. 1, et p. 33, col. 2.
3. Gallia christiana per prov. distr., t. XI, instr. col. 94.
4. Arch. nat., J. 213, n° 2; Teulet, *Layettes,* n° 716, t. 1, p. 250.
5. Rot. Chart., p. 220, col. 1.

Hasculf de Suligny.

Gardien de Jersey, (?—1206) — nov. 1212.

Le gouvernement de ce gardien nous est révélé par les documents relatifs à la nomination de son successeur. En novembre 1212, Philippe d'Aubigny est nommé gardien de Jersey[1], et le roi le désigne ainsi : « Philippo de Albiniaco eunti in insulam de Jerres. quam Hasculfus de Suligny habuit in custodia[2]. »

Nous n'avons pas l'acte de la nomination de H. de Suligny, mais il est probable que lorsqu'il fut remplacé il était déjà gardien de Jersey depuis plusieurs années. Philippe d'Aubigny, qui lui succéda à Jersey en 1212, avait déjà reçu, en août 1207, la garde de plusieurs îles, que les lettres de sa nomination désignent ainsi : Guernesey et les autres îles que Geoffroi de Lucy a eues en garde[3] ; et à partir de 1212 il eut la garde de tout l'archipel normand. Il est vraisemblable que ces îles dont Geoffroi de Lucy était gardien en 1207 et que Philippe d'Aubigny reçut après lui étaient Guernesey et les petites îles voisines (Auregny, Serk, Herm, etc.). Le gouvernement des îles était donc alors divisé comme il l'est aujourd'hui ; et en effet la plupart des ordres du roi pendant les années qui précèdent sont adressés *aux baillis* ou *aux gardiens des îles*, au pluriel[4].

Or, le 19 mai 1206, Geoffroi de Lucy et H. de Suligny sont mentionnés comme étant présents tous deux en même temps aux îles[5]. Sans doute ils gouvernaient déjà alors chacun la partie de l'archipel dont on le voit gardien en titre plus tard : Geoffroi de Lucy Guernesey et les petites îles du même groupe, Hasculf de Suligny Jersey. Le gouvernement de ce dernier s'étend donc, très probablement, au moins depuis le 19 mai 1206, jusqu'en novembre 1212.

On trouve dans les *Rotuli litterarum clausarum* des ordres relatifs au gouvernement de Jersey, adressés à H. de Suligny les 2 et 3 oct. 1207[6]. Il paraît qu'au lieu de résider constamment

1. R. L. P., p. 95, col. 1.
2. R. L. C., p. 126, col. 1 et 2.
3. R. L. P., p. 75, col. 1.
4. Sept. 1206, R. L. P., p. 67, col. 1 ; 25 mars 1207, ibid., p. 70, col. 1 ; 26 mars 1208, ibid., p. 81, col. 1 ; 1208, sans autre date, et 29 mai, ibid., p. 84, col. 1.
5. R. L. C., p. 70, col. 2.
6. R. L. C., p. 92, col. 2.

dans l'île, il séjournait souvent en Angleterre, car plusieurs fois on mentionne les voyages qu'il eut à faire pour retourner d'Angleterre aux îles[1].

En novembre 1212, Hasculf de Suligny reçut l'avis de sa révocation et de la nomination de son successeur[2].

Des lettres du 5 juin 1223 mentionnent un acte qui avait été fait autrefois par Hasculf de Suligny au temps de son gouvernement : « dum fuit Baillivus de Geres.[3] ».

Geoffroi de Lucy (1re fois).
Gardien de Guernesey, etc. (?—19 mai 1206) — 10 août 1207.

J'ai cité tout à l'heure les documents d'où il paraît résulter que Geoffroi de Lucy fut gardien de Guernesey, Auregny, Serk, etc., depuis au moins le 19 mai 1206 jusqu'au 10 août 1207.

Le 2 juillet 1206, il est question d'un convoi de farine qui lui fut envoyé à Guernesey[4].

On retrouvera plus loin Geoffroi de Lucy gardien des îles sous Henri III.

Philippe d'Aubigny.
Gardien : de Guernesey, etc., 10 août 1207—; des îles, nov. 1212 — nov. 1220—.

J'ai déjà indiqué à propos de H. de Suligny les actes de la nomination de Philippe d'Aubigny comme gardien de Guernesey et des petites îles voisines, le 10 août 1207[5], et comme gardien de Jersey en novembre 1212[6]. Cette garde lui fut conférée *durante bene placito*. Dans les lettres patentes de 1207 le roi commande aux Guernesiais qu'ils obéissent à Philippe d'Aubigny « tanquam custodi vestro et ballivo nostro ». — En 1212 la garde de toutes les îles se trouva réunie dans ses mains, sauf toutefois celle de l'île de Serk, qu'il semble n'avoir eue que deux ans plus tard : le 8 décembre 1214 le roi mande à l'évêque de

1. 15 avril 1207, R. L. C., p. 81, col. 2; 30 août 1207, ibid., p. 91, col. 1; 26 février 1208, ibid., p. 104, col. 1.

2. R. L. P., p. 95, col. 1.

3. R. L. C., p. 550, col. 1.

4. R. L. C., p. 73, col. 1.

5. R. L. P., p. 75, col. 1.

6. R. L. C., p. 126, col. 1 et 2; R. L. P., p. 95, col. 1.

Winchester de livrer l'île de Serk à Philippe d'Aubigny, auquel il l'a donnée à garder[1].

Les rôles de la chancellerie de Jean Sans-Terre et de Henri III, publiés par M. Hardy, contiennent divers ordres adressés à Philippe d'Aubigny pour l'administration des îles[2]. Il résulte de ces documents qu'il conserva ses fonctions de gardien des îles après la mort de Jean, sous son fils Henri III. La dernière lettre qui lui soit adressée est du 23 novembre 1220.

Ce Philippe d'Aubigny était un grand personnage en Angleterre : son nom figure parmi ceux des barons dont Jean, dans le préambule de sa grande charte, déclare avoir pris conseil.

Son sceau nous a été conservé au bas de deux actes des assises qu'il tint à Jersey et à Guernesey vers 1219 (Pièces, I, II). Le moule de ce sceau fait partie de la collection de sceaux des archives nationales (nᵒ 16748). Il est rond, et porte pour légende : + S' PHILIPPI DE · ALBIGNEI. Dans le champ sont les armes de la maison d'Aubigny : quatre fusées en fasce[3].

Il ne faut pas confondre ce Philippe d'Aubigny avec son fils du même nom, qui probablement lui succéda immédiatement dans la garde des îles, et dont il va être question maintenant. C'est probablement au père qu'il faut rapporter divers actes d'administration relatés dans une enquête qui fut faite à Guernesey par le gardien Dreux de Barentin en 1248[4].

Philippe d'Aubigny *le jeune* (1ʳᵉ fois).
Gardien des îles, — 1222 — oct. 1224.

Dans un des actes passés aux assises tenues à Guernesey en 1219 par le gardien Philippe d'Aubigny, on remarque parmi les noms des témoins celui de Philippe d'Aubigny le jeune, « Philippo juniori de Albign.[5] ». Dans les rôles des lettres closes, vers la date d'octobre 1222, on trouve une mention qui indique que ce

1. R. L. P., p. 125, col. 2. L'île de Serk avait été quelque temps occupée par les gens du corsaire Eustache le moine : voy. R. L. C., p. 177.

2. R. L. P., p. 104, col. 1; R. L. C., p. 138, col. 2, p. 142, col. 2, p. 230, col. 2, p. 252, col. 2, p. 388, col. 1, p. 442, col. 2.

3. Les mêmes armes se retrouvent en 1499 sur le sceau d'un seigneur anglais, qui descendait évidemment de la même famille, Gilles Daubeny : Arch. nationales, collection des sceaux, nᵒ 10119.

4. Second report, p. 292, l. 25-24 du bas, p. 293, 3ᵉ alinéa, lignes 11 et 14.

5. Pièces, I.

Ph. d'Aubigny le jeune venait de recevoir à son tour la garde des îles : « Plegii Ph. de Albin. junioris de fideli servicio et de Insul. de Gernes. fideliter servand.» (suivent 9 noms). Cela signifie sans doute que les personnes dénommées se portent cautions de la fidélité du gardien[1].

Il est probable que ce personnage est un fils de l'autre Philippe d'Aubigny. L'usage de donner au fils aîné le même nom de baptême qu'à son père, et de le distinguer par l'épithète *junior*, s'est maintenu jusqu'à nos jours en Angleterre.

La présence de Ph. d'Aubigny le jeune aux îles est mentionnée encore en octobre 1223[2]. En octobre 1224 il eut un successeur, Geoffroi de Lucy (v. ci-après) : il lui transmit, par ordre du roi, son « instaurum » de Jersey, c'est-à-dire, soit son attirail ou son établissement militaire, soit même sa maison et son installation personnelle, et reçut pour cela du roi une indemnité de 40 livres[3].

Geoffroy de Lucy (2e fois).
Gardien des îles, oct. 1224 — mai 1226.
(Févr.—mai 1226, H. de S. Philibert lui est adjoint pour Jersey, v. ci-après).

Le 21 octobre 1224 est mentionné l'envoi de Geoffroi de Lucy aux îles[4]; le 8 du même mois, il était encore en Angleterre[5]; dès le 22 octobre il reçoit un ordre comme gardien de Jersey[6]. — Le 9 janvier 1225 il est désigné comme le gardien des îles[7], et on le voit agir en cette qualité plusieurs fois durant l'année 1225 et jusqu'au 16 mai 1226[8]. Le 14 décembre 1225, le roi lui alloue

1. R. L. C., p. 515, col. 2. On peut se demander s'il faut lire *de Insula... servanda* ou *de Insulis... servandis*. C'est probablement la seconde leçon qui est la vraie. Des expressions comme *les îles de Jersey* ou *les îles de Guernesey*, pour désigner l'ensemble des îles normandes, se rencontrent quelquefois; et d'autres textes montrent que Ph. d'Aubigny le jeune a eu Jersey aussi bien que Guernesey en sa garde : R. L. C., p. 550, col. 1, et t. II, p. 12, col. 1.
2. R. L. C., p. 566, col. 2.
3. R. L. C., t. II, p. 12, col. 1 : « pro instauro suo quod habuit in insula de Geres., quod liberavit Galfrido de Lucy per preceptum nostrum » (8 janvier 1225).
4. R. L. C., p. 626, col. 2.
5. Ibid., p. 623, col. 2.
6. Ibid., p. 627, col. 1.
7. R. L. C., t. II, p. 12, col. 1 et 2.
8. R. L. C., t. II, p. 12, 15, 21, 39, 45, 48, 55, 90, 96, 98, 99, 112.

445 livres pour les dépenses de son gouvernement jusqu'au 24 nov. 1225, et 171 livres 10 sous pour ses dépenses du 25 nov. 1225 au 3 janvier 1226[1]. A partir de février 1226 un gardien spécial pour Jersey lui est adjoint (v. ci-après). En mai 1226 il cesse ses fonctions : son dernier acte est du 16 mai[2]; le 17 paraît son successeur R. de Gray (ci-après).

Hugues de Saint Philibert.
Gardien de Jersey, février 1226 — (mai 1226?).

H. de S. Philibert reçut la garde de Jersey durant le bon plaisir du roi par des lettres patentes du 12 février 1226[3]. Geoffroi de Lucy avait alors la garde des îles et ils gouvernèrent ensemble. Le 11 février 1226 le roi leur envoie à tous deux des armes, et à chacun 250 livres pour la paie des chevaliers et sergents qui gardent les îles[4]. Le 15 février il fait rembourser à G. de Lucy 19 marcs pour des armes qu'il a fournies à H. de S. Philibert[5].

La garde de H. de S. Philibert finit, selon toute apparence, comme celle de G. de Lucy, quand commença celle de Richard de Gray, en mai 1226. Le 29 juin le roi lui fit remettre 100 marcs pour la paie des chevaliers et sergents qui avaient servi au château de Jersey tandis qu'il en avait la garde[6].

Richard de Gray (1re fois).
Gardien des îles, 17 mai 1226 — 1227.

17 mai 1226 : « Rex E. Thesaurario et Camerariis suis salutem. Liberate de thesauro nostro Ricardo de Gray. cc. libras ad insulas de Geres. et Gerner. et alias insulas nostras ibidem custodiendas[7]». Cet acte nous marque l'entrée en charge du gardien Richard de Gray. On le voit ensuite figurer comme gardien les 19 mai 1226, 26 déc. 1226, 1er mai 1227[8]. C'est entre le

1. Ibid., p. 90, col. 1.
2. Ibid., p. 112, col. 2.
3. Pièces, III.
4. R. L. C., t. II, p. 98, col. 1.
5. Ibid., p. 99, col. 1.
6. R. L. C., t. II, p. 124, col. 1.
7. R. L. C., t. II, p. 113, col. 2.
8. R. L. C., t. II, p. 114, col. 1, p. 163, col. 2, p. 184, col. 1.

1ᵉʳ mai 1227 et le 12 juillet suivant qu'il sortit de charge, car le 12 juillet 1227 le roi ordonne une enquête sur ses dépenses « dum fuit custos[1] ».

Le sceau de Richard de Gray, qui présente sa figure à cheval, et la légende + SIGILLVM RICARDI DE GREAI, fait partie de la collection des Archives nationales (n° 1014☉). Les pièces d'armoiries figurées sur l'écu paraissent être deux fasces.

Guillaume de Saint-Jean.
Gardien des îles, 1227.

Guillaume de Saint-Jean figure comme gardien des îles, dans des lettres closes du roi Henri III, aux dates des 8 et 27 septembre et 14 octobre 1227[2].

Richard de Gray (2ᵉ fois), et Jean de Gray, son frère.
Gardiens des îles, 1229—1230.

En 1226, quand Richard de Gray avait été nommé gardien des îles, son frère Jean y avait été envoyé avec lui : « Johannem de Gray... quem dominus Rex misit ad insulas de Geres. et de Gerner. cum Ric. de Gray fratre suo[3] ».

En 1229, tous deux reçurent conjointement la garde des îles, par des lettres patentes du 4 décembre[4]. Leur nom est alors écrit *de Grey*.

Le 31 juillet 1230 le roi écrit à Richard de Gray pour lui notifier qu'il a donné la garde des îles à un autre gardien, Henri de Trubleville[5].

Richard de Gray fut encore gardien une troisième fois en 1252 (v. ci-après).

Henri de Trubleville.
Gardien, puis seigneur des îles, 1230—1238—.

Le 22 juin 1230, Henri de Trubleville, sénéchal de Gascogne, reçut pour la durée de sa vie la garde des îles[6]. Les termes

1. R. L. C., t. II, p. 192, col. 1.
2. R. L. C., t. II, p. 200, col. 1, p. 201, col. 2, p. 202, col. 2.
3. R. L. C., t. II, p. 114, col. 1, sous la rubrique *De ponenda loquela in respectum*.
4. Pat. roll, 14. H. III, p. 2, m. 8 v°.
5. Ibid., m. 4.
6. Pat. roll, 14. H. III, m. 6.

employés dans ses lettres patentes de nomination étaient :
« commisimus (insulas)... custodiendas et tenendas toto tempore vite sue ad se sustentandum in servicio nostro ». Le 31 juillet, cette nomination fut signifiée, comme on l'a vu, au gardien qu'il remplaçait, Richard de Gray.

Ensuite le roi paraît n'avoir voulu laisser à Henri de Trubleville que les revenus et non la garde des îles. En 1232 d'autres gardiens furent nommés (voir ci-après). En 1234, le 22 novembre, ses lettres furent expédiées sous une nouvelle forme : au lieu de *custodiendas et tenendas* on mit *habendas et tenendas,* et on lui donna le titre, non de gardien, mais de seigneur : « tamquam domino vestro [1] ».

On a aux archives de la Manche des lettres de H. de Trubleville, « dominus insularum », du 8 juin 1238 [2], auxquelles est appendu son sceau. Un moule de ce sceau fait partie de la collection des archives nationales, nᵒˢ 16749 et 16749 bis. Le sceau est rond, et porte d'un côté la figure équestre de H. de Trubleville, de l'autre l'écu de ses armes. Le champ de cet écu est semé de petites rosettes de 6 feuilles et porte, au canton dextre du chef, un léopard passant, au canton senestre du chef et en pointe, deux rosaces de 6 feuilles. Il est probable que le léopard passant est une brisure, et cache une 3ᵉ rosace qui devait se trouver sur les armes pleines. La légende est détruite au sceau et au contresceau.

Arnaud de S. Amand; Philippe de Carteret; Philippe d'Aubigny *le jeune* (2ᵉ fois); Guillaume de S. Jean.
Gardiens des îles sous H. de Trubleville, 1232—.

« En 1232, la garde de Jersey, de Guernesey et de Serk est confiée à Arnauld de Saint Amand et à Philippe de Carteret. Peu de jours après, ceux-ci sont remplacés par Philippe d'Aubigny et Guillaume de Saint-Jean, qui déjà avaient exercé ces fonctions il y avait quelques années. Enfin, Guillaume de Saint-Jean, rappelé au mois d'octobre de cette même année 1232 pour remplir une autre mission, laisse Philippe d'Aubigny seul gardien des îles, parmi lesquelles, cette fois, figure Aurigny [3] ».

1. Pièces, V.
2. Bibl. nat., ms. lat. 10072.
3. G. DUPONT, Histoire du Cotentin et de ses îles, t. II, p. 95, d'après *Dela-*

La commission de Philippe d'Aubigny *junior* est du 26 octobre 1232[1]. Elle était donnée pour la durée du bon plaisir du roi, « quamdiu nobis placuerit ». Je ne sais combien dura ce bon plaisir. Ce ne put être au delà de l'année 1235, où nous trouvons un autre gardien, Dreux de Barentin.

Le recueil des *Royal letters* de Henri III, publié dans la collection dite du maître des rôles[2], contient des lettres non datées, que les Guernesiais adressaient à Henri III pour se plaindre de ce qu'il avait permis à des hommes condamnés lors des assises tenues dans les îles par Philippe d'Aubigny, d'en appeler à un jury de 24 hommes, hors des cas où la loi le permettait (p. 286). L'éditeur donne à cette pièce la date de mai 1226, sans qu'on puisse comprendre pourquoi. Je serais tenté de rapprocher ces lettres de celles qui sont publiées p. 466 du même volume : c'est un ordre de Henri III, du 25 avril 1235, qui accorde à plusieurs personnes condamnées *lors des dernières assises* la même faveur dont parlent les lettres des Guernesiais. Je pense que celles-ci sont une réponse à celles du roi et doivent être datées aussi de 1235. Les assises dont il est parlé seraient de l'année précédente, 1234. Dans ce cas il faudrait admettre que Philippe d'Aubigny *junior* garda le gouvernement des îles deux ans encore après sa nomination de 1232, qu'il était donc encore gardien en 1234.

Dreux de Barentin (1re fois).
Gardien des îles, —1235—1252.

Dreux (*Drogo*) de Barentin paraît pour la première fois comme gardien des îles dans les lettres du roi, du 25 avril 1235, que je viens de citer. C'était alors sous là seigneurie de Henri de Trubleville.

En la 26e année de Henri III (1241-42), le même Dreux tenait les îles à ferme, du roi même, pour 350 marcs par an : « Drogo de Barentin reddit compotum de cccl marcis de firma Insularum de Geresey et Gernesey quas Rex concessit ei tenendas per talem firmam, quamdiu Regi placuerit, sicut continetur in originali[3] ».

croix, *Jersey et ses antiquités*, t. II, p. 240-241.

1. Pièces, IV.
2. Royal and other historical letters illustrative of the reign of Henry III, vol. I, 1216-1235.
3. MADOX, Hist. of the Exchequer, p. 707, n° 9, d'après « Magn. Rot. 26. H.

Mention de ce gardien est faite encore en 1243-44[1] et en 1248[2]. Le 24 avril 1252 il fut révoqué[3]. Il tenait encore alors les îles à ferme pour 350 marcs par an.

Richard de Gray (3ᵉ fois).
Gardien des îles, 24 avril 1252—1254.

Richard de Gray reçut pour la 3ᵉ fois la garde des îles normandes, *durante bene placito,* par des lettres patentes du 24 avril 1252 (Pièces, VI), moyennant une ferme annuelle de 200 livres (400 marcs), payables moitié à l'échiquier de Pâques et moitié à celui de la S. Michel. C'était une enchère de 50 marcs par an sur la ferme de son prédécesseur.

Le 14 février 1254, le roi lui envoya l'avis de la donation des îles à son fils Edouard, et lui ordonna de les livrer au prince ou à son fondé de pouvoir[4]. Il paraît que cet avis mit plus d'un mois à parvenir aux îles. Le 16 mars 1254 un acte passé à Guernesey mentionne encore le gardien Richard de Gray, et son fils Jean, qu'il avait fait son lieutenant[5].

Édouard, fils du roi Henri III.
Seigneur des îles, 1254—1272.

Le 14 février 1254, Henri III donna à son fils Édouard une partie considérable de ses domaines, et entre autres « Gernes. et Geresy et ceteras Insulas maris[6] ».

Pendant la guerre civile d'Angleterre, 1258 et années suivantes, le prince n'eut pas la possession continue et paisible de ces îles. Le 5 juillet 1258, le roi écrivit à Dreux de Barentin, qui

---

3. Oxon. »; mention déjà relevée par M. Dupont, Hist. du Cotentin etc., t. II, p. 125.

1. L'an 28 de Henri III : Orig. abbr., p. 5, col. 1.

2. Second report, p. 291.

3. Pièces, VI.

4. Rymer, 14 févr. 1254.

5. Archives de la Manche, fonds du mont S. Michel, vidimus sous le sceau de l'évêque d'Avranches : « anno regni domini Henrici, regis Anglie, filii regis Johannis, tricesimo octavo, mense martio, die Lune proxima ante festum sancti Benedicti, receptum fuit tale breve, apud Sanctum Petrum in portu, in curia domini regis, coram domino Johanne de Gray, filio domini Ricardi de Gray, custodis insularum, cujus allocatus idem Johannes erat in insulis... »

6. Rymer, 14 février 1254.

s'en trouvait alors gardien de nouveau, pour lui mander qu'il eût à bien garder les îles et à empêcher Edouard d'y mettre ses officiers ou d'y entrer lui-même[1]. L'année suivante Edouard paraît rentré en possession de sa seigneurie[2]. En juin 1262, nous trouvons une « Conventio per quam rex Henricus III dimisit Edwardo filio suo primogenito Judaismum Anglie tenendum in tres annos; et dictus Edwardus Regi dimisit insulas de Gernes. et Geres., novam forestam etc. tenenda ad finem termini supradicti[3] », ce qui paraît indiquer une suspension de la seigneurie d'Edouard sur les îles jusque vers le milieu de l'année 1265. Le 23 novembre 1265 cette convention était expirée : on voit alors Edouard agir de nouveau comme seigneur des îles, et encore de même en 1267[4].

L'avénement d'Edouard à la couronne d'Angleterre, le 20 novembre 1272, fit rentrer les îles normandes dans le domaine immédiat du roi.

Le sceau du prince Edouard figure dans la collection des Archives nationales (n° 10125). Il porte d'un côté la figure équestre du prince, de l'autre l'écu de ses armes (d'Angleterre, brisé d'un lambel de cinq pendants).

Dreux de Barentin (2e fois).
Gardien des îles, —1258—.

Le 5 juillet 1258 le gardien des îles était encore une fois Dreux de Barentin[5].

Le 2 novembre 1259, le prince Edouard mentionne « inquisicionem quam per dilectum et fidelem nostrum Drogonem de Barentino, *tunc* ballivum nostrum insularum de Geres. et Gerner. fieri precipimus [6] ». Il est difficile de savoir quelle est l'époque désignée par ce « tunc ».

Des lettres du même Edouard, en date du 22 nov. 1267, sont adressées, s'il faut en croire une copie de Léchaudé d'Anisy[7], par

1. Pièces, VII.
2. Arch. de la Manche, fonds du mont S. Michel, 2 nov. 1259.
3. C'est l'analyse que l'inventaire manuscrit des *Pat. rolls* à Londres donne d'une pièce transcrite sur le *Pat. roll*, 46. *H. III, m.* 11 *dorso.*
4. Bibl. nat., ms. lat. 10072, fol. 180, 182.
5. Pièces, VII.
6. Arch. de la Manche, fonds du mont S. Michel.
7. Bibl. nat., ms. lat. 10072, f° 182.

ce seigneur, à son amé et féal « domino **W. de Barentino**, Ballivo suo insularum ».

Hugues de Trubleville.
Gardien des îles, —1269—1270—.

Ce gardien figure, avec le titre de *ballivus insularum*, dans deux pièces des archives de la Manche, l'une de juin 1269[1], l'autre de septembre 1270[2]. Il y a encore, dans les copies de Léchaudé d'Anisy à la Bibliothèque nationale[3], un acte de son procureur **Raoul de Broughton,** daté de 1273 : mais cette date est suspecte, car alors il semble que le gardien fût un autre personnage, Arnaud Jean (v. ci-après).

Le sceau de Hugues de Trubleville fait partie de la collection des archives nationales (n° 16750). Il porte une figure équestre de chevalier, et la légende S' HVGONIS : D' TVRBEL[VI]LE. L'écu et la housse de cheval sont aux armes : un lion rampant, semble-t-il.

Arnaud Jean, *de Contino*, citoyen de Bayonne.
Gardien des îles, 24 juin 1271 — 14 avril 1275.

Collection générale des documents français qui se trouvent en Angleterre, rec. et publ. par J. Delpit, t. I, 1847, p. 6 : « XIX. « 1277. Lettre des trésoriers d'Edw. Ier, constatant qu'ils ont « reçu les comptes de Arnaud Jean, citoyen de Bayonne, pour « l'administration des îles de Guernesey, Jersey et autres îles « sur la côte de Normandie, du jour de la S. Jean Baptiste 1271 « jusqu'à Pâques de l'an 1275. — Arch. de l'Echiquier, Kalen- « dars, t. I, p. 91 ». Cette mention nous donne les dates extrê- mes du gouvernement d'Arnaud Jean. Elle est conforme à ce que nous savons d'ailleurs de ce gardien. Le 2 avril 1274, les moines du mont S. Michel écrivent au roi Edouard Ier, pour se plaindre de l'oppression dont les a accablés, durant sa longue absence, « in absentia vestra diuturna », son bailli des îles. Or l'absence du prince avait duré de 1270 à 1274. Le bailli des îles est appelé là « Helnandum Johannis de Contino». Malgré l'altération du

1. C'est la pièce qui a fourni le n° 16750 de la collection des sceaux des Ar- chives nationales.
2. Bibl. nat., ms. lat. 10072, f° 186.
3. Ms. lat. 10077, f° 82.

premier nom et l'addition d'un surnom qui ne se trouve pas ailleurs, il est évident que c'est d'Arnaud Jean qu'il s'agit[1]. Deux commissaires royaux qui furent envoyés aux îles en novembre 1274, Jean Gyger et Raoul de Broughton, eurent mission de vérifier les comptes d'Arnaud Jean depuis son entrée en charge, et d'assurer le recouvrement de ce qu'il pourrait devoir au roi[2].

Othon de Granson (*Otto de Grandisono*).
Gardien des îles, 1275—1328.

Ce personnage, qui joua un rôle politique important sous Edouard Ier, est un des gardiens des îles dont le gouvernement a eu le plus de durée. C'est aussi celui sous lequel a été accomplie une des modifications les plus importantes qu'ait subies la constitution insulaire, la création des baillis de Jersey et de Guernesey.

Le 25 novembre 1275 des lettres patentes du roi donnèrent à Othon de Granson la garde des îles, révocable à volonté, moyennant une ferme annuelle de cinq cents marcs : « Rex commisit Ottoni de Grandisono insulas de Gerneseye et Gereseye cum pertinenciis custodiendas quamdiu Regi placuerit, ita quod reddat regi per annum ad scaccarium regis quingentas marcas... T. R., apud Turrim London., xxv. die Novembris[3] ». Ces 500 marcs devaient être payés chaque année en deux termes, moitié à la S. Hilaire (13 janvier) et moitié à la S. Jean Baptiste (24 juin). Cette concession révocable à volonté fut apparemment rendue perpétuelle peu de temps après, probablement en 1276. Le 25 janvier 1277, de nouvelles lettres patentes furent rendues (Pièces, VIII). Elles portaient que récemment, *nuper*, le roi avait donné la garde des îles à Othon, à condition d'en payer une ferme annuelle, pour la durée de sa vie ; maintenant, voulant lui faire une plus grande faveur, il le dispensait de cette ferme et voulait qu'il eût sa vie durant la possession et jouissance gratuite desdites îles ; bien plus, pendant cinq ans encore après sa mort, les revenus royaux des îles seraient pour ses héritiers ou ses créanciers.

La vie et le gouvernement d'Othon de Granson furent longs.

1. Rymer, 2 avril 1274.
2. Pat. roll, 2. Ed. I, m. 5 v°.
3. Orig., 4. Ed. I, m. 5 bis.

Ils se prolongèrent jusqu'en 1328, plus de cinquante-deux ans après la première concession. Le 13 février 1328, Othon est encore désigné comme le gardien des îles[1]. Mais la même année (la seconde du règne d'Edouard III, qui fut du 24 janvier 1328 au 23 janvier 1329), on trouve une pétition adressée au parlement par les gens de Jersey et de Guernesey, qui disent que leur gardien « Otes de Graunzon » est mort et demandent à ne pas rester sans garde[2].

La chancellerie royale, dans les lettres adressées à Othon de Granson, l'appelle toujours gardien des îles : « custodi insularum ». On le trouve quelquefois qualifié de seigneur : « Guillelmus de Sancto Remigio, attornatus domini Ottonis de Grandisono domini insularum[3] ». C'est lui, comme on l'a vu plus haut, que la Chronique de Flandre appelle « le seigneur de Grenesie ». Dans une charte de lui qui nous est parvenue, il ne prend aucun titre, quoiqu'il agisse en vertu de sa qualité de gouverneur : « A tous ceus qui ces presentes lettres verront et orront, Othes de Gransson, chevalier, saluz en Dieu[4] ». Je pense qu'il n'osait s'appeler seigneur et ne voulait pas s'abaisser à se dire simplement gardien[5].

Il nous est parvenu deux sceaux d'Othon de Granson (Arch. nat., n°s 11582 et 16743). Le premier est appendu à un acte de 1303, qui n'a point de rapport avec le gouvernement des îles. Il porte la légende SIGILLVM OTTONIS DE GRANDISSONO, et un écu palé de six pièces, brisé d'une bande brochante sur le tout et chargée de trois pièces que les rédacteurs de l'inventaire des sceaux des archives nationales indiquent, avec un point d'interrogation, comme des coquilles, mais qui m'ont paru plutôt ressembler à des merlettes. L'autre sceau (16743) est au bas d'un acte de mars 1316 pour les îles. La légende, peu lisible, paraît être SIGILLVM OTONIS DE GR[A]NSON. L'armorial est encore un écu palé de six pièces et brisé d'une bande brochante sur le tout, mais cette bande ne paraît point être chargée d'aucune autre pièce.

---

1. Rymer, 13 févr. 1328.
2. Rotuli parliam., t. II, p. 21.
3. 20 nov. 1289, Bibl. nat., ms. lat. 10072, f° 201.
4. Bibl. nat., ms. lat. 10072, f° 208.
5. On trouve encore ses fonctions désignées par cette périphrase : « Otto de Grandisono, qui Insulas hic tenet ad terminum vite sue ».

Le gouvernement d'Othon de Granson fut une longue oppression. Les documents du temps reviennent souvent sur sa tyrannie et sur celle de ses officiers. Dès 1292 le roi envoie un commissaire spécial aux îles, parce que les insulaires se sont plaints que « les baillis desdites îles les ont forcés et les forcent à faire certains services non dus et non accoutumés, contre la loi et la coutume du pays, et leur ont imposé et leur imposent diverses autres grevances injustement[1] ». En 1299, nouvelle mention des *abus* des baillis (Pièces, IX). En 1319, le roi nomme de nouveaux commissaires, et déclare encore avoir été informé « quod quidam justiciarii nostri, et alii ballivi et ministri insularum predictarum, per dilectum et fidelem nostrum Ottonem de Grandisono, custodem earundem insularum, in ipsis insulis deputati, injurias, transgressiones, extorsiones, oppressiones, dampnaque diversa voluntarie et absque causa rationabili eis multipliciter intulerunt, in ipsorum insulanorum predictorum depressionem et depauperationem manifestam[2] ». Et quelques années plus tard nous voyons encore les insulaires adresser une pétition au roi en parlement, pour demander la nomination de nouveaux commissaires ou *justiciers*, qui leur fassent droit contre « sire Othes de Granzun »; et, ajoutent-ils, si les justiciers faisaient droit au roi et au peuple, ledit sire Othon serait chassé des îles : « et si les Justices facent droit au Roy et au people le dit Sire Othes serroit expellez les Isles[3] »!

Othon de Granson, ne voyant dans les îles qu'une source de revenus, ne s'occupa pas plus de les bien garder que d'en ménager les habitants; sa négligence égala sa tyrannie. Plusieurs fois le roi dut lui donner d'office des suppléants. L'an 18 d'Edouard II (1324-25) *Jean de Clyvedon* écrit au roi et au parlement une lettre où il rappelle que la garde de Jersey et de Guernesey lui a été confiée sur la demande des habitants, qui s'étaient plaints qu'Othon de Granson les laissait sans garde; il demande et obtient sa décharge, ledit Othon s'étant enfin décidé

---

1. « Quod ballivi illarum insularum ipsos homines ad quedam servicia indebita et inconsueta contra legem et consuetudinem partium illarum faciendum compulerunt et compellunt et alia gravamina diversa eis intulerunt et inferunt minus juste » : Pat. roll, 20 Ed. I, m. 10.

2. Lettres du 26 juin 1319, Arch. de la Manche, fonds du mont S. Michel (copie).

3. 18e année d'Edouard II, 1324-25 : Rotuli parliam., t. I, p. 416.

à désigner un lieutenant[1]. — En 1327, le roi est de nouveau informé qu'Othon de Granson laisse les îles sans garde, et que des malfaiteurs en profitent pour y venir tuer les habitants, brûler les maisons, et commettre toute sorte de crimes : « quamplures malefactores Insulas nostras... de die in diem hostiliter ingrediuntur, homines et gentes nostras Insularum predictarum nequiter interficiendo et incendia domorum et alia dampna et facinora quamplurima ibidem perpetrando » : c'est pourquoi le roi nomme deux gardiens pour défendre les îles aux frais dudit Othon[2]. Enfin à sa mort il laissa et les fortifications des îles, et les propriétés que le roi y possédait, dans un tel état de dégradation, qu'il fallut faire recherche de ses biens pour se rembourser du prix des réparations nécessitées par son incurie[3]. Ainsi était annulée de fait la clause par laquelle le roi lui avait donné les revenus des îles, durant 5 ans après sa mort, pour ses héritiers ou ses créanciers : le premier de ces créanciers, c'était le roi lui-même.

Lieutenants d'Othon de Granson.

On pense bien qu'un semblable personnage ne prit pas la peine d'administrer lui-même son gouvernement. Il eut des lieutenants

1. Rotuli parliam., t. I, p. 419, col. 1.
2. Pièces, XIII.
3. Lettres du 17 février 1331 : « Rex dilectis et fidelibus suis Roberto de Norton et Guill. de la Rue salutem. Sciatis quod nos, de fidelitate vestra et circumspectione confidentes, assignavimus vos ad supervidendum statum Insularum nostrarum de Guernereye, Jerseye, Serk et Aureneye, ac castrorum nostrorum in eisdem Insulis, et ad informandum vos per inquisiciones ... super vero valore Insularum earundem, ut in redditibus..., et etiam de statu quo castra, molendina et domus nostra in eisdem Insulis fuerunt tempore quo dilectus et fidelis noster Johannes de Roches, nuper custos Insularum earundem, ea Petro Bernard de Pynsoles et Laurencio de Gaillars, nunc custodibus Insularum predictarum, liberavit, et quantum prefatus Johannes in reparatione et emendatione defectuum castrorum, molendinorum et domorum nostrorum ibidem, dum custos earundem Insularum extitit, posuit..., ac etiam si Otto de Grandisono dudum custos Insularum predictarum, qui defectus predictos sumptibus suis propriis reparasse debuerat, aliqua bona seu catalla in eisdem Insulis habuit die quo obiit, de quibus iidem defectus reparari potuerunt, necne, et si sic, tunc que et cujusmodi bona et catalla, et ubi et cujus precii, et ad quorum manus eadem bona et catalla postmodum devenerunt, et qui et cujusmodi defectus in castris, molendinis et domibus predictis tempore obitus predicti Ottonis fuerunt... » (Pat. roll, 5. Ed. III, p. 1, m. 33 v°; impr. Second report, p. 324).

ou des gardiens en second, les uns nommés par lui-même, les autres imposés par le gouvernement du roi.

Le 18 mai 1278 sont mentionnés **Guillaume de S. Remi et Denis de Tilbury**, *attournés* d'Othon de Granson dans les îles[1]. En 1289, le 20 novembre, paraît encore « magister Guillelmus de Sancto Remigio, attornatus domini Ottonis de Grandisono domini insularum etc. ex mandato illustrissimi Edwardi dei gratia regis Anglie specialiter litteratorie constitutus[2] ». Ce Guillaume de S. Remi fut probablement le premier bailli de Guernesey[3].

M. Dupont[4] cite d'après d'autres un mandement du 28 août 1295 adressé à **H. de Cobham**, lieutenant du gardien. Dans les *Rotuli parliamentorum*[5] est cité un bref du 20 août 1295, adressé à ce H. de Cobham.

« **Nicholaus de Chegny**[6] » est mentionné en 1305 comme ayant été gardien des îles : je pense que ce fut comme lieutenant ou suppléant d'Othon de Granson, mais je n'ai pu trouver à quelle époque au juste. En 1305 les comptes de son gouvernement n'étaient pas encore rendus[7].

A la date du 16 septembre 1299, **Henri, prieur de Wenlock,** est mentionné comme lieutenant d'Othon de Granson dans les îles[8]. La même année, il y tint des assises en qualité de « justicier itinérant » ou commissaire royal.

Lors de ces assises, le 19 octobre 1299 à Guernesey et le 23 novembre à Jersey, le lieutenant chargé par Othon de Granson de la garde des deux îles était le même **Denis de Tilbury** que nous avons vu attourné d'Othon de Granson avec Guillaume de S. Remi en 1278[9].

---

1. Catal. of royal letters, dans l'Appendice II au *Seventh report of the deputy-keeper of the public records*, n° 2059.

2. Bibl. nat., ms. lat. 10072, f° 201.

3. Pat. roll, 18. Ed. II, m. 2, 40, 41.

4. Hist. du Cotentin, etc., t. II, p. 288.

5. T. I, p. 464, col. 1.

6. Ce nom est celui d'une ancienne famille de Guernesey. Il revient souvent dans l'histoire des îles sous des formes fort diverses : *de Cheny, Chaeney, Cheigny, Chaene,* etc.

7. Pièces, X.

8. Pièces, IX.

9. Rôles des assises au Public Record Office de Londres, *n.* 1. 37[1], m. 8, et *n.* 1. 37[2], m. 5.

Dans un rôle des assises qui furent tenues à Guernesey en 1304, on trouve, en tête d'une liste des fonctionnaires de l'île, le nom de **Jean de Newent** : on peut croire que ce nom est celui du lieutenant qu'Othon de Granson avait alors chargé de la garde de l'île[1]. Serait-ce ce Jean de Newent qu'il faudrait reconnaître, dans une charte d'un lieutenant d'Othon de Granson, du 15 avril 1302, dont Léchaudé d'Anisy a donné plusieurs copies ou analyses plus ou moins fautives, et où il a lu le nom de ce lieutenant, tantôt *Jehan de Seulbenc*[2], tantôt *Jean de Semblançay*[3], tantôt enfin *Johannes de Sieuwers*[4] ?

Le 4 décembre 1306, Othon de Granson avait pour lieutenant **Jean de Ditton**[5], qui avait été justicier itinérant en 1304[6] et qui le fut encore en 1309[7].

Jean de Clyvedon, gardien nommé par le roi à cause de la négligence d'Othon de Granson, fut déchargé de cette garde, l'an 18 d'Edouard II (1324-25), sur une requête où il exposait que les îles n'avaient plus besoin d'un gardien extraordinaire, attendu, dit-il, qu'Othon de Granson « y a mis Munsire Gerard Dorme a demorer son Lyutenant[8] ». Je pense que ce Gérard, appelé ici « Dorme », est le même que le gardien « Gerardus Oroms », mentionné dans une liste des gardiens de 1323 à 1331[9] ; que « sire Girart Derous, gardien des ysles de Guernerye, Gersye é de autres a celes apartenantes », dont nous parle une requête de l'abbé du mont S. Michel au roi d'Angleterre[10] ; et que

1. Rôle des assises, au Public Record Office, n. 1. 37³, m. 6.
2. LÉCHAUDÉ D'ANISY, Extraits des chartes, etc., t. II, p. 178.
3. Ibid., atlas, page 13.
4. Mémoires de la société des antiquaires de Normandie, t. XV, p. 208.
5. Placita de quo waranto, p. 832, col. 2.
6. Rôles des assises, n. 1. 37³, m. 1.
7. Placita de quo waranto, p. 822.
8. Rotuli parliamentorum, t. I, p. 419, col. 1.
9. Rôle des assises tenues à Guernesey en 1331 (Second report, p. 303) : « Nomina custodum Insularum post ultimas assisas. Gerardus Oroms sub Otone de Grandissono. Johannes de Roches. Petrus Bernard de Pynsole. Laurentius Gaylard. »
10. Cette requête dit que Girart Derous « a fet arester é prendre en main de rey les biens des avans dis religious (les moines du mont S. Michel) soz coulor de guerre, é de ce a fet lever partie, c'est assavoir L livres de tornois é II⁰ quartiers de forment, par la main dun nostre prior dou Vale demorant en la dite ysle de Guernerye, é XL livres de tornois par la main dun nostre prior de Laic (Lecq) demorant en lisle de Gersye » (Arch. de la Manche, mont S. Michel, lettre de « J. Poyng Destre prior de Valle »).

« Girard de Evrous », dont nous avons une lettre relative aux îles (Pièces, XII). Son vrai nom était, je pense, **Gérard Derous**. Avant d'être lieutenant d'Othon de Granson, ce personnage avait été envoyé aux îles, en 1323, comme *justicier itinérant*[1]. Sa garde se place entre celles de Jean de Clyvedon et de Jean de Roches, par conséquent entre 1324 et 1326.

Je donne ci-après (Pièces, XIII) des lettres patentes d'Edouard III, du 29 mars 1327, par lesquelles le roi, informé de l'abandon où Othon de Granson laisse les îles commises à sa garde, nomme deux gardiens d'office pour défendre les îles aux frais d'Othon : ce sont **Jean de Roches et Robert de Norton**. Le premier de ces deux personnages avait déjà reçu des fonctions analogues l'année précédente; il est qualifié de gardien des îles dans un acte publié par Rymer à la date du 26 août 1326.

Dans une pétition adressée au parlement en 1328 par les insulaires qui demandaient la nomination d'un gardien, après la mort d'Othon de Granson, sont rapportées des lettres patentes dont la date n'est pas indiquée, par lesquelles le roi, en l'absence d'Othon, avait confié la garde des îles à J. de Roches et à **Raoul Basset de Drayton**[2].

(Henri de Sully).

On trouvera ci-après (Pièces, XI) des lettres du 9 juin 1323 par lesquelles le roi Édouard II donnait à Henri, seigneur de Sully, la garde des îles, pour en jouir sa vie durant à partir du moment où lesdites îles seraient revenues au roi par la mort d'Othon de Granson. Cette concession ne paraît pas avoir eu d'effet. Il faut croire que Sully mourut avant Granson.

Jean de Roches.
Gardien des îles, 1328—1330.

A la mort d'Othon de Granson, les insulaires adressèrent une pétition, au roi en parlement, pour demander que le roi ne les laissât pas sans garde, et leur donnât, pour « gardeynes » en titre, « sire » J. de Roches, qui avait déjà été chargé de suppléer Othon de Granson. Cette demande fut favorablement accueillie

---

1. Pat. roll, 16. Ed. II, p. 1, m. 6 : « Gerardum Derous ».
2. Rotuli parliamentorum, t. II, p. 21.

par le Parlement[1]. La même année Jean de Roches fut nommé gardien des îles, du moins provisoirement[2]. Il est mentionné comme gardien des îles en août et en septembre 1328, puis encore une fois en 1330[3]. Cette année fut la dernière de son gouvernement; bientôt on s'occupa de régler son traitement[4] et les comptes de son administration[5].

Ensemble: **Pierre Bernard de Pynsole;**
Laurens de Gaillard, de Bayonne.
Gardiens des îles, 1330—1331.

Ces deux personnages furent nommés gardiens ensemble en 1330, moyennant une ferme annuelle de 500 livres[6]. Aux assises qui furent tenues dans les îles en 1331, ils furent compromis dans des accusations de vente à fausse mesure et de sédition[7]. Il ne faut donc pas s'étonner de leur voir nommer un successeur dès la même année.

Guillaume de Cheyny (1re fois).
Gardien des îles, 1331.

Nommé gardien des îles en 1331[8], ce personnage eut un successeur dès la même année. Sur la forme de son nom, voyez plus haut, p. 204, n. 6.

Thomas Wake de Liddel.
Gardien des îles, 1331—1333—.

Ce gardien fut nommé en 1331, pour jusqu'à la S. Michel 1332, à condition de rendre au roi 500 livres par an[9]. Cette concession lui fut renouvelée aux mêmes conditions l'année suivante, sans limite de temps, « quamdiu [Regi placuerit][10] ».

1. Rotuli parliamentorum, t. II, p. 21.
2. Orig. abbr., p. 19, col. 1.
3. Rymer, 26 et 30 août 1328; Pat. roll, 2. Ed. III, p. 2, m. 3 v°; Orig. abbr., p. 45, col. 1.
4. Ph. FALLE, an account of the island of Jersey, éd. Durell; Jersey, 1837, in-8°, p. 136.
5. Second report, p. 324.
6. Orig. abbr., p. 37, col. 1.
7. Second report, p. 310.
8. Orig. abbr., p. 54, col. 1.
9. Orig. abbr., p. 55, col. 1.
10. Ibid., p. 67, col. 2.

Une pétition adressée au roi par les gens de Jersey et de Guernesey en 1333 mentionne en passant « Mons. Thomas Wake, seigneur de Lidell., qore ad la garde des dites Isles [1] ».

Ensemble: Guillaume de Montaigu, comte de Salisbury; Henri de Ferriers.
Gardiens des îles, 1334—1337.

En 1334, « R. commisit Willelmo de Monte acuto et Henr. de Ferrariis custodiam insularum R. de Gerneseye, Jereseye, Serk et Aureneye et aliarum insularum eisdem insulis adjacencium, habendam et regendam una cum omnibus proficuis etc., usque ad finem quinque annorum, reddendo inde Regi per annum quingentas marcas, ita quod iidem Will. et Henr. castra R. etc. sustentent etc. [2] ». Guillaume de Montaigu était comte de Salisbury [3].

En 1335 ces deux gardiens étaient remplacés aux îles par un lieutenant [4]. Le 3 oct. 1336, ils avaient pour lieutenant un nommé **Gautier de Weston**. A cette époque leur fut confié, à eux et à leur lieutenant, pour un an, le mandat de recevoir au nom du roi les fois et hommages qui lui étaient dus dans les îles (Pièces, XIV).

Quoique ces gardiens eussent été nommés, en 1334, pour cinq ans, nous leur trouvons un successeur dès l'année 1337 [5].

Thomas de Ferriers (1re fois).
Gardien des îles, 1337—1341.

En 1337, « R. de circumspectione etc. commisit Thome de Ferariis custodiam Insularum... quamdiu etc...[6] ». Cette nomination est sans doute des premiers mois de l'année 1337, car dès le mois de mai nous voyons Thomas de Ferriers chargé, en qualité de gardien, d'organiser une milice pour la défense des

1. Public Record Office, *Coram Rege*, Mich. 6. Ed. III, r. 181.
2. Orig. abbr., p. 83, col. 1.
3. Orig. abbr., p. 114, col. 2.
4. Rymer, 20 août 1335.
5. Au commencement de cette année, G. de Montaigu avait été nommé amiral de la flotte occidentale d'Edouard III, Rymer, 14 janvier 1337 (DUPONT, Hist. du Cotentin etc., t. II, p. 263).
6. Orig. abbr., p. 114, col. 2.

îles [1]. — En 1338 sa nomination fut renouvelée et confirmée pour une durée de dix ans, moyennant une ferme annuelle de 500 marcs [2]. Néanmoins un autre gardien fut nommé dès l'an 1341.

Thomas de Ferriers ne paraît pas avoir résidé habituellement aux îles. On a des lettres de lui datées de Londres en décembre 1337 [3]; en 1338 il avait pour lieutenant aux îles l'ancien lieutenant de ses prédécesseurs, **Gautier de Weston** [4]. En 1340 nous le voyons siéger dans une commission du Parlement [5].

Occupation de Guernesey par les Français.
1338 et années suivantes.

En octobre 1338, l'île de Guernesey ayant été occupée par les troupes françaises, le roi de France Philippe VI fit don des îles à son fils **Jean, duc de Normandie**; celui-ci les donna à son tour au maréchal **Robert Bertran, sire de Bricquebec**. L'un et l'autre promirent de renoncer à leurs droits si la restitution des îles au roi d'Angleterre devait être une des conditions d'un traité de paix futur [6].

Robert Bertran confia la garde de l'île et du château de Guernesey à **Nicolas Hélie**. Celui-ci les garda quelques années, puis l'île et le château furent repris par les gens d'Edouard III [7].

Thomas de Hampton.
Gardien des îles, 1341—1342—.

La nomination de Thomas de Hampton fut signifiée aux insu-

1. Rymer, 11 mai 1337.

2. Orig. abbr., p. 122, col. 2.

3. Ch. Le Quesne, A constitutional history of Jersey, London, 1856, in-8°, p. 556.

4. Orig., 12. Ed. III, r. 16, lettres du 20 oct. 1338. C'est le roi même qui avait nommé G. de Weston lieutenant du gardien.

5. « Et puys feurent certeyns gentz assignez pur seer sur le choses souzescriptz, c'est assavoir : ... Item de la Garde des Isles et de Cousters de Meer, Mes Seigneurs les Evesqes de Londres, de Cicestr. et de Sarum, les Countes de Garenne, d'Arundel et de Huntyngdon, Monsieur Robert de Bousser et Monsieur Constantyn de Mortymer; et pur les Isles de Jereseye et Gereseye (sic?), appellez a eux Monsieur Thomas de Ferrers » : Rotuli parliamentorum, t. II, p. 113, col. 1.

6. Arch. nat., J. 211, n° 34.

7. Vers 1345 ou 1346. Voyez sur ces événements L. Delisle, Histoire du château et des sires de S.-Sauveur-le-Vicomte, p. 62 et 63, pièces p. 91 et 92.

laires par lettres du 18 mars 1341 ; sa commission fut expédiée en date du 20 mars de la même année [1].

Ce gardien avait reçu la garde des îles aux mêmes conditions que Guill. de Montaigu et Henri de Ferriers, c'est-à-dire moyennant 500 marcs par an, mais en raison des pertes causées par la guerre il obtint du roi, en 1342, une réduction de ferme à fixer par l'échiquier [2].

Ensemble : **Guillaume de Cheyny** (2° fois); **Gautier de Weston.**
Gardiens des îles, 1343.

En 1343, « R. commisit Willelmo de Cheigny et Waltero de Weston. custodiam insularum... habendam quamdiu R. placuerit », etc. [3] Guillaume de Cheyny avait déjà été gardien des îles en 1331. Gautier de Weston avait été lieutenant de Guillaume de Montaigu et Henri de Ferriers en 1336, et de Thomas de Ferriers en 1338.

Thomas de Ferriers (2° fois).
Gardien des îles, 1343—1345—.

Thomas de Ferriers fut nommé pour la seconde fois gardien des îles, « quamdiu Regi placuerit », en 1343 [4]. Il garda ces fonctions au moins jusqu'au milieu de l'année 1345 [5].

Ensemble : **Robert Wyvill**; **Thomas de Clifford.**
Gardiens des îles, 1348—.

Ces deux personnages furent nommés conjointement gardiens des îles, « quamdiu Regi placuerit » [6]. Sous leurs ordres un gardien spécial reçut la garde des deux châteaux de Cornet et de Jerbourg, à Guernesey ; il s'appelait **Mathieu de Mildenhale** [7].

---

1. Rymer, 18 mars 1341, 8 juin 1342.
2. Rymer, 8 juin 1342. Le 18 juin 1342, Thomas de Hampton reçut l'ordre de remettre les recteurs, vicaires et chapelains des églises des îles en possession de leurs biens saisis : clause roll, 16. Ed. III., p. 1, m. 8, dans LE QUESNE, a const. history of Jersey, p. 554-555.
3. Orig. abbr., p. 159, col. 1.
4. Orig. abbr., p. 160, col 2.
5. Rymer, 28 août 1345, « De castro de Cornet... ».
6. Orig. abbr., p. 193, col. 1. — 7. Ibid.

Jean Mautravers.
Gardien des îles, 26 mai 1349—1352—.

Par des lettres patentes du 26 mai 1349 (Pièces, XV), Jean Mautravers reçut la garde des îles, à dater de ce jour, jusqu'à la prochaine S. Michel (27 sept. 1349). Le 27 septembre 1349 cette concession lui fut renouvelée « a die confeccionis presencium usque ad festum Pasche proximo futurum et ab eodem festo usque ad idem festum in unum annum tunc proximo sequens[1] », c'est-à-dire jusqu'au 17 avril 1351. A l'expiration de ce nouveau délai ses fonctions lui furent encore continuées pour un an[2], puis, cet an écoulé, en 1352, pour un temps indéterminé, « quamdiu Regi placuerit »[3].

Guillaume Stury.
Gardien des îles, 2 avril 1354—1357.

Guillaume Stury reçut la garde des îles, par des lettres patentes du 20 mars 1354[4], pour l'exercer pendant trois ans, à partir du 2 avril de la même année. Il passait en même temps avec le roi pour cette garde un marché, par lequel il s'engageait à rendre à l'échiquier 200 livres de rente annuelle; mais il stipulait en même temps que cette ferme se compenserait avec les créances qu'il avait sur le roi jusqu'à concurrence de 466 l. 13 s. 4 d.[5] D'après ces actes le gouvernement de Guillaume de Stury devait durer jusqu'au 2 avril 1357.

Thomas de Holland.
Gardien des îles, ?1357—.

Les lettres de nomination de ce gardien sont de la 30e année d'Edouard III[6], c'est-à-dire au plus tard du 23 janvier 1357. Il est probable qu'il dut entrer en fonctions en avril suivant, quand finit la garde de son prédécesseur, Guillaume Stury.

1. Pat. roll, 23. Ed. III, p. 3, m. 4.
2. Orig. abbr., p. 218, col. 1.
3. Ibid., p. 221, col. 2.
4. Orig., 28. Ed. III, p. 1 ; Orig. abbr., p. 231, col. 1.
5. Orig. abbr., p. 233, col. 2 ; Rymer, 20 mars 1354.
6. Orig. abbr., p. 240, col. 1.

Quelques mois après, nous voyons « **Otes de Holland** » passer un traité avec le roi pour la garde des îles, qu'il prend à ferme, « tancome il plerra au roi », moyennant 200 livres par an. Cet acte est du 8 juin 1357[1]. Est-ce un autre personnage, ou une erreur de nom[2] ?

Edmond de Cheyny[3].
Gardien des îles, 1359—1366.

Ce personnage reçut la garde des îles, l'an 32 d'Edouard III, pour 3 ans[4], et y fut continué l'an 36 du même règne, pour 5 ans[5] ; son successeur fut nommé l'an 40[6]. Pour mettre ces délais et ces dates d'accord il faut supposer la première nomination de la fin de l'an 32, la seconde du commencement de l'an 36, la 3e de la fin de l'an 40 : par exemple, les années du règne d'Edouard III commençant au 24 janvier, on supposera la première nomination de janvier 1359, la seconde de la fin du même mois 1362, la troisième de janvier 1367, ou environ.

Pendant les trois premières années de son gouvernement ce gardien dut payer une ferme annuelle de 300 livres ; pour les 5 années suivantes cette ferme fut réduite à 230 marcs ou 115 livres. Cette diminution est due sans doute à ce que les biens des églises du continent, saisis pendant la guerre, leur furent rendus après la paix de Brétigny[7].

Les archives de la Manche nous ont conservé des lettres de ce gardien, munies de son sceau. Elles sont en français et portent cette suscription : « Edmund de Chaeney, gardein dez isles ou nom et pour nostre sir le Roy d'Engleterre » ; elles sont « fetes et signeys souz nostre propre seel eu Chastel Cornet » à Guernesey, le mardi 4 mars 1365[8]. Le sceau est rond et a 25 millim. de diamètre ; il porte les armes du gardien : l'écu à quatre fusées en fasce, chargées chacune d'un besant ou tourteau, avec cimier,

1. Orig. abbr., p. 244, col. 2.
2. En 1358 Thomas de Holland fut nommé gardien du château de S.-Sauveur-le-Vicomte en Cotentin (DELISLE, Hist. du château etc.).
3. Sur ce nom v. plus haut, p. 204, n. 6.
4. Orig. abbr., p. 247, col. 2.
5. Ibid., p. 270, col. 2.
6. Ibid., p. 288, col. 1.
7. Voyez plus haut, p. 186, n. 1.
8. Bibl. nat., ms. lat. 10072, f° 231 ; Arch. nat., coll. des sceaux, n° 16744.

tortil et lambrequins ; légende circulaire : [SI]GILLVM . ED-
MVNDI CHEINE[1].

Il y a aussi des lettres du roi à Edmond, du 24 nov. 1364,
copiées dans le ms. de la Bibl. nat., lat. 10072, f° 64.

Gautier Huwet.
Gardien des îles, 1367—1373.

Ce gardien fut nommé à vie, l'an 40 du règne d'Edouard III[2].
Une ferme annuelle de 200 livres lui fut imposée. Le 10 février
1367, le roi adresse aux insulaires des lettres, « de intendendo
deputatis Walteri Huwet custodis Insularum de Jereseye, etc. »,
par lesquelles il leur commande d'obéir aux deux lieutenants
que Gautier Huwet a établis pour le remplacer pendant son
absence pour le service du roi en Bretagne, à partir du 2 avril
1367, « a secundo die Aprilis proximo futuro »[3]. Ce sont **Guillaume d'Asthorp** et **Jean Coke** (voir ci-après). Gautier
Huwet demeura au service et continua d'être remplacé par ces
lieutenants tout le reste de sa vie. Il mourut en 1373 près de
Soissons[4].

Le 17 et le 21 mai 1370 nous trouvons des comptes du gouvernement de G. Huwet, où il est qualifié de chevalier[5].

Guillaume d'Asthorp
(de *Asthorp, Asthorpe, Apthorp* ou *Hasthorp*).
Lieutenant de G. Huwet, 1367—1373 ; gardien des îles, 1373 ;
gardien de Guernesey et des petites îles, 1373—.

Ce personnage fut un des deux lieutenants établis par Gautier
Huwet en 1367. Le 12 novembre 1368, il est mentionné en cette
qualité[6]. Le 16 du même mois, poursuivi à la Cour du banc du

1. Comparez le sceau d'un autre membre de la même famille, en 1253,
SIGILLVM WIL[LEL]MI . CHAINE (Bibl. nat., ms. lat. 10072, f° 181 v°), qui
porte aussi l'écu à quatre fusées en fasce. J'ignore s'il y a autre chose qu'une
coïncidence fortuite dans la ressemblance de ces armes avec celles de la famille
d'Aubigny, qu'on a vues ci-dessus, p. 191.
2. Orig. abbr., p. 288, col. 1.
3. Pat. roll, 41. Ed. III, p. 1, m. 34 v°.
4. Froissart, I, partie II, chap. ccclxviij.
5. Issue roll of Th. de Brantingham, Bishop of Exeter, lord high treasurer
of England ... translated ... by Fr. Devon, London, 1835, in-8°.
6. Rymer, 12 nov. 1368.

roi pour négligence dans la poursuite d'un bailli de Jersey accusé de meurtre, il est renvoyé au jugement d'une commission spéciale [1].

Au commencement de l'année 1373, G. Huwet étant mort, G. d'Asthorp fut nommé gardien à sa place [2]. Le 22 avril 1373 le roi s'occupait de lui procurer le moyen de se rendre à son poste [3]. Il est qualifié, dans ces actes, de chevalier, « chivaler ».

Cette nomination était censée faite pour neuf ans, mais elle fut révoquée au bout de quelques mois. Le gouvernement des îles fut divisé : Edmond Rose (voy. ci-après) reçut la garde de Jersey, le 20 novembre 1373, et G. d'Asthorp celle de Guernesey, Auregny, Serk et Herm, le 21 décembre de la même année[4], seulement « quamdiu Regi placuerit », et à charge de rendre compte de ses profits et dépenses, qui durent être examinés par un contrôleur. Je pense qu'il conserva ces fonctions jusqu'à la nomination du gardien Thomas de Beauchamp, le 12 août 1374.

Jean Coke.
Lieutenant de G. Huwet, 1367—1373, puis adjoint à G. d'Asthorp, 1373—.

C'est le second des deux lieutenants établis par G. Huwet en 1367 ; il est mentionné avec G. d'Asthorp le 12 nov. 1368. Le 16 novembre il est renvoyé devant la même commission de justiciers, pour complicité du meurtre que G. d'Asthorp avait seulement négligé de poursuivre. Le 15 sept. 1370 et le 10 déc. 1371 [5] il est désigné comme lieutenant de G. Huwet à Guernesey. Le 22 avril 1373, Jean Coke, écuyer, est indiqué comme ayant été adjoint au gardien des îles, G. d'Asthorp, chevalier, ci-devant lieutenant avec lui [6].

Edmond Rose.
Gardien du château de Gorey à Jersey, et commandant des îles, 1372—1373; gardien de Jersey, 1373—1374—; gardien de Gorey (2e fois), 1375—1376.

Le 25 mars 1372, le roi confie pour un an à Edmond Rose,

1. Pièces, XVI. — 2. Orig. abbr., p. 324, col. 2. — 3. Rymer, 22 avr. 1373.
4. Carte, t. II, p. 112 ; Rymer, 21 déc. 1373.
5. Issue roll of Th. de Brantingham ; Pat. roll. 45. Ed. III, p. 2, m. 4-5 v°.
6. Rymer, 22 avr. 1373.

écuyer, la garde du château de Gorey, aujourd'hui Montorgueil, dans l'île de Jersey [1]. Dans des lettres du 14 août de la même année, E. Rose est en conséquence qualifié de connétable du châtea de Gorey [2]; mais il est en même temps chargé d'une missio d'enquête importante, qui s'étend également à toutes les îles normandes. Selon Froissart [3], « Aymon Rose, un écuyer d'honneur du roi d'Angleterre », était en 1372 capitaine de Guernesey, et eut à défendre l'île contre Yvain de Galles, allié des Français, qui l'assiègea dans le château Cornet. Je pense que les deux lieutenants de G. Huwet étaient alors absents des îles [4] et qu'alors en l'absence d'autre supérieur Edmond Rose, quoique simple gardien du château de Gorey, commandait en chef sur tout l'archipel.

Le 20 novembre 1373 Edmond Rose fut nommé gardien, non plus seulement du château de Gorey, mais de toute l'île de Jersey [5], tandis que de son côté G. d'Asthorp recevait la garde de Guernesey et des petites îles. Plus tard E. Rose reçut une seconde fois la garde du château de Gorey seulement; elle lui fut donnée le 18 avril 1375, pour un an [6].

Dans des lettres du 12 février 1380 [7] il est question d'un acte qui avait été fait par Edmond Rose, gardien de Jersey; il faut croire que cet acte remontait à une époque de cinq ou six ans antérieure, entre le 20 nov. 1373 et le 18 avril 1375.

Occupation de Guernesey par les Français.
1372.

Froissart raconte [8] une expédition d'Yvain de Galles, qui occupa momentanément l'île de Guernesey, en 1372, puis l'abandonna sans avoir pu prendre le château Cornet. Un récit de cette expédition, tout différent, se trouve dans la vie du duc Louis de Bourbon par Cabaret d'Orronville, ch. xvj [9].

1. Bibl. nat., ms. Moreau 677, p. 137.
2. Rymer, 14 août 1372.
3. I, partie II, ch. cccxlij.
4. L'année suivante le roi s'occupait de les y faire passer : Rymer, 22 avril 1373.
5. Carte, t. II, p. 112.
6. Carte, t. II, p. 115, 116, 117; Bibl. nat., ms. Moreau 677, p. 150.
7. Rymer, 12 févr. 1380.
8. I, II, ch. cccxlij.
9. Éd. Buchon, 1843, p. 116 et 117.

Selon cet auteur les deux îles de Jersey et de Guernesey auraient été prises, avec les châteaux, non par Yvain de Galles, mais par le duc de Bourbon, le connétable Du Guesclin, etc. ; « et promirent les gens des isles de Jarsée et de Grenesie d'estre bons et loyaulx au roy de France, comme ils feurent tant que le bon admiral de Vienne vesquit » (c.-à-d. jusqu'en 1396!). La part d'erreur est évidemment beaucoup plus grande en ce récit que la part de vérité ; je ne sais donc quelle valeur attacher à ce renseignement qu'ajoute le biographe : « Et feurent mis pour garde des isles de Jarsée et de Grenesie messire **Jean Hedangest** et **Thibault** son frère, à les rendre au roy ou son admiral ».

Thomas de Beauchamp.
Capitaine et gardien de Guernesey et des petites îles,
1374—.

Le 12 août 1374, Thomas de Beauchamp, chevalier, fut nommé capitaine et gardien des îles de Guernesey, Serk et Auregny, pour un an à compter du jour où la délivrance lui en serait faite[1]. On trouve une autre mention de ce gardien au mois de décembre suivant[2].

Hugues de Calviley.
Gardien des îles, 1376—1390—.

Hugues de Calviley, ou Calvylegh, fut nommé gardien des îles à vie, en 1376[3]. En 1382 des lettres du roi Richard II furent rendues pour déterminer ses pouvoirs[4]. Il est mentionné pour la dernière fois le 10 juin 1390[5].

Ce gardien eut pour subordonnés :

1° **Thomas Porteman**, marchand, de Salisbury, nommé en 1376, pour 3 ans, gardien d'Auregny, moyennant une ferme annuelle de 20 livres[6].

---

1. Rymer, 12 août 1274.
2. Rymer, 10 déc. 1374. Le 1er sept. 1376, le même Th. de Beauchamp fut nommé gardien du château Cornet et de la tour de Beauregard à Guernesey, jusqu'au 2 février 1377, avec un traitement calculé à raison de 50 marcs l'an, à charge de prélever sur ce traitement les frais de son gouvernement (Rymer).
3. Orig. abbr., p. 344, col. 2.
4. Rymer, 15 mars 1382.
5. Carte, t. II, p. 180.
6. Orig. abbr., p. 343, col. 2.

2° **Guillaume Arnaud de S. Jean**, connétable du château de Gorey à Jersey, confirmé dans cette charge le 8 mars 1378 [1].

3° **Roger Walden**, lieutenant gouverneur de l'île de Jersey, mentionné le 3 mai 1384 [2].

Jean Golafre, chevalier.
Gardien des îles, 1393—1394—.

Ce gardien fut nommé par lettres du 14 oct. 1393 ; le 1er mai 1394, deux commissaires furent désignés pour le mettre en possession des îles [3].

Le 30 nov. 1396, le comte de Rutland reçut la garde des îles « à partir de la mort de J. Golafre, dernier gardien » (v. ci-après). Cette indication ne permet pas de dire si Jean Golafre était ou non déjà mort à cette date ; mais elle prouve que la garde des îles lui avait été conférée pour toute la durée de sa vie.

Edouard, comte de Rutland, puis duc d'York.
Gardien des îles, (1396?)—1415.

Le 30 novembre 1396, Richard II conféra à son neveu, Edouard, comte de Rutland, la garde des îles normandes, pour toute sa vie, à partir de la mort du dernier gardien, Jean Golafre. Cette concession fut confirmée par Henri IV, le 27 novembre 1399, et par Henri V, le 12 septembre 1413 [4].

Ce prince ne jouit pas toujours en paix de la garde des îles. Le 22 mars 1405 un nommé **Jean Perraunt**, qui avait déjà été chargé une première fois de prendre possession des îles pour J. Golafre [5], reçut l'ordre de les saisir et de les garder provisoirement en la main du roi, Édouard, duc d'York, ayant été arrêté [6]. En mai de la même année le roi nomma deux gardiens, **Thomas Pykworth** à Jersey (11 mai), **Jean de Lisle** à Guernesey (28 mai), tous deux chevaliers [7]. Le catalogue de

---

1. Carte, t. II, p. 124.
2. Carte, t. II, p. 145.
3. Carte, t. II, p. 168 et 169.
4. Pat. roll, 1. H. V, p. 3, m. 16-17.
5. 1er mai 1394, Carte, t. II, p. 169.
6. Rymer, 22 mars 1405.
7. Carte, t. II, p. 189.

la bibliothèque cottonienne indique, dans le ms. Vesp. F. xiii de cette bibliothèque, une lettre du gardien Jean de Lisle, datée du château Cornet, le 30 juillet (1405?), qui signale au conseil du roi le mauvais état de ce château.

Ensuite le duc d'York rentra en grâce et fut réintégré. Il est mentionné, comme gardien des îles, en 1411, et une dernière fois en février 1415[1]. Il fut tué à Azincourt le 25 octobre 1415.

Jean, duc de Bedford
(frère de Henri V, régent de France sous Henri VI).
Seigneur des îles, 27 nov. 1415—14 sept. 1435.

A peine redevenu maître des îles par la mort du duc d'York, Henri V s'en dessaisit de nouveau, en faveur de son frère le duc de Bedford, par lettres du 27 nov. 1415[2]. Le 11 février 1427, Henri VI écrivit à ses sujets des îles pour leur mander qu'ils eussent à obéir à leur seigneur le duc de Bedford : « De intendendo Johanni, duci de Bedford, tanquam domino vestro insularum predictarum »[3].

Les archives de la Manche possèdent des lettres de Jean, régent du royaume de France, duc de Bedford, comte de Kendale et de Richmond, connétable d'Angleterre et *seigneur des îles,* du 18 décembre 1423[4].

Le duc de Bedford mourut le 14 septembre 1435.

Honfroi, duc de Gloucester.
Seigneur des îles, 9 avril 1437—25 févr. 1447.

Dix-huit mois après la mort du duc de Bedford, Henri VI donna les îles à son autre oncle, le duc de Gloucester, par des lettres du 9 avril 1437[5]. Cette concession était faite à titre héréditaire, car dans les lettres de la donation des îles au duc de Warwick en 1445 (ci-après), il est dit que celui-ci entrera en possession des îles dès qu'elles seront revenues au roi par la mort de son oncle, le duc de Gloucester, sans héritiers mâles de son corps.

Honfroi de Gloucester mourut le 25 février 1437.

1. Rymer, 23 mars et 14 juillet 1411; Pat. roll, 2. H. V., p. 3, m. 2-3.
2. Le texte de ces lettres a été publié dans Falle, An account of the island of Jersey, appendice, n° IV; cf. Carte, t. II, p. 225.
3. Carte, t. II, p. 260.
4. Inventaire, H. 2305 : vidimus de 1470. — 5. Carte, t. II, p. 290.

Anne de Beauchamp.
Dame des îles, 25 févr. 1447—13 juillet 1449.

Par lettres patentes du 24 nov. 1445, Henri VI donna les îles normandes à Henri de Beauchamp, duc de Warwick, pour lui et ses héritiers après lui, moyennant une rose rouge chaque année à la nativité de S. Jean Baptiste[1]. Cette donation devait commencer à avoir effet le jour que les îles seraient revenues au roi par la mort du duc de Gloucester.

Henri de Warwick mourut le 11 juin 1446, par conséquent avant Gloucester. Sa mort est ainsi mentionnée dans une chronique de l'abbaye de Tewkesbury, qui n'est connue que par une copie moderne[2] : « Obiit Dominus Henricus, nobilis Dux Warichiæ et primus Comes Angliæ, Dominus le Dispenser et de Abergavenny, Rex de Insulis Wight et Gardsey et Jardsey, Dominus quoque castri Bristoliæ cum suis annexis, iij°. Id. Junii A. D. 1446, ætatis suæ xxij°, apud Castrum de Hanleya, et sepultus est in medio choro Theokesburiæ ». Ce passage a été cité par Selden[3], pour prouver que Henri de Beauchamp avait été *roi* de Jersey et de Guernesey. Mais il y a évidemment une erreur dans la chronique. C'est de Wight seulement que Henri fut roi[4]. De Jersey et de Guernesey il ne fut même pas seigneur, puisqu'il mourut avant Honfroi de Gloucester, auquel il devait succéder.

Henri de Beauchamp laissa une fille, Anne, qui fut son héritière, et qui dut sans doute recueillir la seigneurie des îles à la mort du duc de Gloucester, le 25 février 1447. Elle mourut en bas âge, le 13 juillet 1449[5].

Jean Nanfan (1re fois).
Gardien et gouverneur des îles, 1452—1457—.

Jean Nanfan fut nommé, le 24 septembre 1452, gardien et gouverneur de Jersey et de Guernesey, pour cinq ans et demi, soit jusqu'au 24 mars 1458[6]. On trouve mention de ce gardien,

---

1. Pat. roll, 24. H. VI, p. 1, m. 19.
2. Ms. Cott. Vitell. E. xiv, au British museum.
3. Mare clausum, l. II, ch. 19.
4. Dugdale, The baronage of England, t. I, p. 248, col. 1.
5. Dugdale, ibid., p. 248, col. 2.
6. Pat. roll, 31. H. VI, p. 1, m. 24.

« Johannis Nanfan, armigeri, gubernatoris insularum », à la date du 23 février 1457 [1].

Richard Nevill, comte de Warwick.
Seigneur des îles, —1459—1460.

Dix jours après la mort d'Anne de Beauchamp, héritière de Warwick, son oncle Richard Nevill fut fait comte de Warwick (23 juillet 1449), et le 14 juin 1450 il reçut avec le comté diverses seigneuries qui y avaient déjà été précédemment attachées [2]. Je pense que les îles normandes furent au nombre de ces seigneuries. En effet l'inventaire manuscrit du greffe de la cour royale de Guernesey indique des lettres du 7 mai 1459 où est mentionné « Mgr de Warwick seigneur des îles ». L'année suivante, Richard (qui est le fameux Warwick le *faiseur de rois*) vit ses biens confisqués par Henri VI : « Jam infra paucum tempus placuit nobis dictam Insulam nostram de Gersey cum omnibus aliis Insulis ad tunc Ricardo nuper comiti Warrewicci pertinentem in manum nostram resumere » [3].

Jean Nanfan (2e fois).
Gouverneur des îles, 12 mai 1460—1461.

Le 12 mai 1460 Jean Nanfan fut une seconde fois nommé gouverneur de Jersey et de Guernesey [4]. L'année suivante il se laissa prendre au château de Montorgueil par les Français, qui s'emparèrent de Jersey [5].

Ce gardien est le dernier qui ait été à la fois gouverneur de Jersey et de Guernesey.

1. Carte, t. II, p. 338.
2. DUGDALE, The baronage of England, t. I, p. 304, col. 1.
3. Rymer, 20 mai 1460.
4. Carte, t. II, p. 347.
5. LE QUESNE, A constitutional history of Jersey, p. 122.

PIÈCES.

Je mets entre crochets [ ] quelques mots ou lettres que j'ai eu à suppléer, parce qu'ils se trouvaient effacés ou déchirés dans les originaux. Quand la lecture d'une abréviation ne m'a pas paru certaine, je mets *en italiques* les lettres qui représentent cette abréviation : ainsi dans le n° I, les dernières lettres de « in insul*is* » et « de insul*a* » sont en italiques, parce qu'à la rigueur on pourrait lire aussi bien « in insul*a* » ou « de insul*is* ». Pour les noms propres j'indique souvent l'abréviation simplement par un point : ainsi pour les noms des îles de Jersey et de Guernesey, quand ils n'étaient pas écrits en toutes lettres, j'ai mieux aimé reproduire la forme abrégée, « Geres. », « Gerner. », etc., que de choisir au hasard une des nombreuses formes sous lesquelles on trouve ces noms écrits dans les chartes et les rôles : *Gerese, Gereseie, Gereseye, Geresey,* et *Gernere, Gernereie, Gernereye,* etc., etc.

I, II.

1218-1219, aux îles. Actes du gardien Philippe d'Aubigny. — Archives de la Manche, fonds du mont S. Michel.

Cum humana memoria caduca videatur et labilis, gesta presentium roboratur apicibus sigillatis. Notum sit omnibus tam presentibus quam futuris quod cum ego, Philippus de Albign., baillivus in insul*is* ex parte domini H. regis Anglie, de mandato suo, litteris suis attestantibus direptis (*sic*)[1], in insul*is* assisas tenere[m], pro salute anime Johannis regis Anglie et antecessorum suorum et filii sui H. regis A[nglie] et mea, secundum juris dispositionem abbatie montis sancti Michaelis de periculo maris et ejusdem loci conventui in plenaria assisa in pace reddidi firmiter et quiete omnia jura sua in insula Gernorroii, scilicet in mari et in terra, et videlicet omne werecum suum in W[alo][2], et quartam partem wereci tocius patrie, et [Mara]m Harlai et Claram Maram et Ruffam Maram et usu[m] venandi per totam terram suam, et portationem reddituum extra insulam tam in blado quam in aliis ubicumque voluerint ad commodum eorum.

1. Voy. Rotuli litterarum clausarum, t. I, p. 352, col. 2, 13 février 1218, De assisis Insularum.

2. Le Vale, une des paroisses de Guernesey, à l'extrémité N. de l'île.

Preterea tria prandia que ego et antecessores mei in prioratu de Walo superflue et inhoneste capiebamus, testimonio legitimorum hominum de insula, ita quitavi, quod nullus predicta prandia deinceps capiat nisi se tercio, scilicet ille ballivus et clericus suus et quidam alius, cum duobus garciferis. Et hec omnia feci assensu domini regis H. tertii et mandato; et ut hoc ratum et firmum permaneat in futurum, sigilli mei munimine roboravi et confirmavi, anno tertio coronationis dicti domini H. regis Anglie[1], his testibus, Philippo juniori de Albign., Willelmo de Salinell*is*[2], Hugone Pag*anelli*[3], Petro Bertranni, Bertranno fratre suo, Philippo de Cartrait[4], Roberto de Havell*and*[5], G. de G*r*ainteis[6], Ricardo Blondel et multis aliis.

Sceau de Philippe d'Aubigny sur do*a*ble queue de parchemin.

Notum sit omnibus tam presentibus quam futuris quod cum ego, Ph. de Albineio, ballivus in insulis ex parte domini H. regis Anglie, de mandato suo, litteris suis directis atestantibus [7], in insulis assias (*sic*) tenerem, pro salute regis tercii Henrici, ut Deus eum custodiat, foveat et protegat, et pro salute antecessorum suorum et mea, juramento virorum patrie legitimorum, in plenaria assisia, abatie sancti Michaelis ejusdemque loci conventui in pace reddidi firmiter et quiete omnia jura sua in insula Jersoii in terra et in mari, videlicet werecum suum per totam terram suam et usum venandi per predictam terram, scilicet ad Petramvill*am*, ad rupem Godeine, ad Nigrum Montem[8]; et hec omnia feci assensu et mandato domini H. regis Anglie tercii, et ut ratum permaneat et stabile perseveret sigilli mei munimine et testimonio confirmavi : testibus his, P. de Garclip, B. fratre suo, W. de Salinell*is*[9], H. Pagan*elli*[10], Ph. de Kartraio[11], G. Godel, Thom. de Winceleis[12], R. Galleco, Roberto de Hog*a*.

Sceau de Philippe d'Aubigny sur double queue de parchemin [13].

1. 28 oct. 1218 — 27 oct. 1219.
2. Saumarez (Jersey et Guernesey)?
3. Pesnel? — 4. Carteret (Manche). — 5. Havilland (Guernesey)?
6. Grantez (paroisse de S. Ouen, Jersey)?
7. Voy. la n. 1 de la page précédente.
8. Noirmont, vingtaine de la paroisse de S. Brelade, Jersey.
9. Saumarez? — 10. Pesnel? — 11. Carteret.
12. Vinchelez (S. Ouen, Jersey)?
13. Cette seconde pièce a déjà été publiée, mais incorrectement, dans les Mémoires de la société des antiquaires de-Normandie, t. XV, p. 204, col. 1.

III.

12 *février* 1226, *Westminster. Henri III nomme Hugues de S. Philibert gardien de Jersey.* — Pat. roll, 10 H. III, m. 8.

De custodienda insula de Geres. :

Dominus R. commisit Hugoni de sancto Phileberto insulam de Geres. cum castro ibidem custodiendam quamdiu domino R. placuerit. Et mandatum est militibus, liberis hominibus et omnibus aliis existentibus in insula de Geres. quod ei tamquam ballivo domini R. in omnibus que ad predictam insulam pertinent in'endentes sint et respondentes. In cujus etc. T. ut supra[1], coram justit*iario*.

IV.

26 *oct.* 1232, *Reading. Henri III nomme Philippe d'Aubigny le jeune gardien des îles normandes pour la seconde fois.* — Pat. roll, 16. H. III, m. 1.

De custodia insularum :

Rex militibus, liberis hominibus et omnibus aliis de insulis de Geres., Gerner., Aurn. et Serc salutem. Sciatis quod commisimus dilecto et fideli nostro Philippo de Albin. predictas insulas custodiendas quamdiu nobis placuerit. Et ideo vobis mandamus quod eidem Philippo in omnibus que ad nos pertinent tamquam custodi R.[2] intendentes sitis et respondentes sicut predictum est. T. ut supra[3].

V.

22 *nov.* 1234, *Westminster. Henri III nomme Henri de Trubleville seigneur des îles normandes.* — Pat. roll, 19. H. III, m. 18, n° 21.

Insule. Pro Henrico de Trubleville de insulis :

Rex probis hominibus suis de insulis de Geres. et de Gerner.

1. L'article qui précède celui-ci sur le rôle est souscrit et daté : « T. me ipso, apud Westm., xij. die febr., anno etc. x°, coram justit*iario*. »

2. Ce *R.*, qui signifie *Regis*, a été évidemment substitué, par le scribe auteur du rôle, au mot *nostro*, que devait porter l'original.

3. « T. R., apud Rading., xxvj. die octobris. »

et de aliis insulis suis Normannie salutem. Sciatis quod *commi-*
simus dilecto et fideli nostro Henrico de Trubleville, senescallo
nostro Wasconie, omnes insulas predictas habendas et tenendas
ad totam vitam suam ad se sustentandum in servicio nostro. Et
ideo vobis mandamus quod eidem Henrico tamquam domino
vestro ad vitam suam fidelitatem faciatis, et in hiis que ad predictas insulas pertinent intendentes sitis quo ad vixerit et respondentes. In cujus rei testimonium has litteras nostras ei fieri
fecimus patentes. Teste ut supra[1]. Duplicate.

VI.

24 avril 1252, Windsor. Henri III nomme Richard de
Gray gardien des îles, en remplacement de Dreux de
Barentin, moyennant une ferme annuelle de 200 livres.
— Pat. roll, 36. H. III, m. 9, n° 6.

De insulis et castris de Gerner. et Geres. commissis :
R. abbatibus, prioribus, militibus, liberis hominibus, et omnibus aliis tenentibus de insulis suis salutem. Sciatis quod commisimus dilecto et fideli nostro Ricardo de Grey custodiam insularum
nostrarum, una cum castris nostris, de Gerner. et Geres., que
Drogo de Barentyn prius tenuit ad voluntatem nostram, habendam et tenendam quam diu nobis placuerit, reddendo nobis
singulis annis ad scaccarium nostrum tempore pacis pro proficuo
predictarum insularum .cccc. marc., videlicet .l. marc. per
annum ultra quam predictus Drogo nobis inde reddere consuevit,
de quibus .cccc. marc. reddet nobis unam medietatem ad scaccarium sancti Michaelis et alia (*sic*) medietatem ad scaccarium
pasche. Et ideo vobis mandamus quod eidem Ricardo tamquam
custodi nostro in omnibus que ad predicta insulas et castra pertinent intendentes sitis et respondentes sicut predictum est. In
cujus etc. T. R., apud Windes., xxiiij die aprilis. Et mandatum est predicto Drogoni quod predicta insulas et castra ei liberet.
T. ut supra. Per R.

1. « T. R., apud Westm., .xxij°. die novembris. »

VII.

5 juillet 1258, Winchester. Henri III mande au gardien Dreux de Barentin qu'il garde les îles contre son fils Édouard. — Pat. roll, 42. H. III, m. 5, n° 16.

De insulis Gerner. et Geres. :

R. Drogoni de Barentino salutem. Mandamus vobis, sub debito fidelitatis et homagii quibus nobis tenemini, quod, sicut corpus vestrum et terras et tenementa vestra que tenetis in regno et potestate nostra diligitis, salvo custodiatis insulas de Gernere et Geresey et alias insulas nostras in custodia vestra existentes, non permittentes quod Edwardus filius noster aut aliquis ex parte sua aliquos ponat constabularios in castris aut municionibus insularum predictarum, nec quod idem filius noster aut aliquis qui vim vobis facere possit dictas insulas aut castra vel municiones earundem ingrediatur sine mandato nostro speciali, et ita vos in hac parte habeatis, quod pro defectu vestri ad corpus terras et tenementa vestra graviter capere non debeamus. T. R., apud Winton., .v. die julii.

VIII.

25 janv. 1277, Worcester. Concession gratuite des îles à Othon de Granson. — Pat. roll, 5. Ed. I, m. 22, ced.

Edwardus dei gratia Rex Anglie, Dominus Hibernie et Dux Aquitanie, omnibus ad quos presentes littere pervenerint salutem. Cum nuper concessissemus dilecto et fideli ac familiari nostro Otoni de Grandisono insulas nostras de Gernes. et Geres. cum insulis adjacentibus et omnibus aliis ad easdem insulas spectantibus habendas et tenendas de nobis et heredibus nostris ad totam vitam ejusdem Otonis per certam firmam nobis inde annuatim reddendam, Nos eidem Otoni gratiam facere volentes uberiorem, concedimus pro nobis et heredibus nostris quod idem Oto quietus sit de eadem firma in tota vita sua, et quod habeat et teneat insulas illas cum insulis adjacentibus et omnibus aliis ad easdem insulas qualitercumque spectantibus ad totam vitam suam, et percipiat et habeat omnes exitus et proventus earundem quocumque nomine censeantur et commodum suum inde faciat prout sibi magis viderit expedire. Ob familiaritatem etiam ipsius

Otonis et diutina ac laboriosa et fidelia obsequia sua nobis a primeva etate nostra et sua multipliciter impensa, et ut acquietet debita quibus indebitatus est in servicio nostro tempore predicto, et insuper propter specialitatem quam erga ipsum intime gerimus, sibi specialiter subvenire cupientes, volumus et concedimus, pro nobis et heredibus nostris, quod executores ipsius Otonis vel ejus assignati seu attornati quicumque habeant et teneant insulas predictas cum omnibus suis pertinenciis predictis, et percipiant et habeant omnes exitus earundem, per quinquennium post decessum ejusdem Otonis, ad acquietandum inde debita sua, et ad completionem testamenti sui, sine occasione et impedimento nostri, heredum, ballivorum et ministrorum nostrorum quorumcumque; volumus insuper et concedimus pro nobis et heredibus nostris, quod predictus Oto et heredes et executores sui quieti sint de omnimodis compotis, ratiociniis, arreragiis, receptis, demandis, et exactionibus quibuscumque, que ab eo exigi possent de tempore quo eas tenebit in vita sua, vel sui executores, assignati seu attornati post ejus decessum easdem insulas tenebunt per quinquennium supradictum : ita quod nos vel heredes seu ballivi aut ministri nostri nichil in eisdem insulis aut exitibus earundem, quocumque nomine censeantur, interim clamare, vendicare seu exigere valeamus, completo autem termino predictorum quinque annorum, insule predicte cum pertinenciis ad · nos et heredes nostros integre revertantur. In cujus rei testimonium presentibus sigillum nostrum fecimus apponi. T. me ipso, apud Wygorn., vicesimo quinto die januarii, anno regni nostri quinto[1].

IX.

16 *sept.* 1299, *Canterbury. Ordre aux insulaires de rédiger leurs coutumes et de les remettre par écrit à Henri, prieur de Wenlock, lieutenant du gardien Othon de Granson. — Pat. roll, 27. Ed. I, m. 12.*

Pro hominibus de Insulis de Gerneseye, Jeres., Serk et Aurneye :

1. Au Pat. roll, 25. Ed. I, p. 1, est annexée une autre copie des mêmes lettres, ainsi datée : « T. rege, apud Wygorn., .xxv. die januarii, anno r. n. vicesimo quinto. » C'est sans doute par mégarde que le mot *vicesimo* a été ainsi ajouté

R. militibus, liberis hominibus et omnibus aliis tenentibus de Insulis de Gereseye, Gerneseye, Serk et Aureneye, salutem. Quia quidam homines Insularum predictarum nobis multociens sunt conquesti, quod ballivi et ministri nostri Insularum predictarum legibus et consuetudinibus vestris multipliciter sunt abusu (*sic*), et quod ipsi dictos homines *contra predictas leges et consuetudines gravaverunt*, Nos, ad tranquillitatem et utilitatem vestram, volentes ut certis legibus et consuetudinibus vestris, quibus hactenus usi estis et uti debetis, utamini in futurum, vobis mandamus quod leges et consuetudines vestras predictas distincte et aperte in scriptis sine dilacione regigi faciatis ad perpetuam rei memoriam earundem, et eas sic in scriptis redactas dilecto nobis in *Christo* Henrico Priori de Wenlok, tenenti locum dilecti et fidelis nostri Otonis de Grandissono in predictis Insulis, liberetis, ita quod inde per prefatum Priorem cerciorari possimus. T. R., apud Cantuar., .xvj. die septembris. Per ipsum regem.

X.

28 février 1305, *Westminster. Réponses du parlement aux pétitions des gens des îles (extrait).* — *Bibl. nat., ms. lat. 9215, mont S. Michel, n° 7.*

Peticiones etc. Insularum de Jeres. et Gerner. in parliamento domini R. apud Westm., die dominica proxima post festum sancti Mathie Apostoli, anno R. R. Edwardi filii R. Henrici tricesimo tercio[1].

. . . .

(En marge : Gernes.) Ad peticionem Thome Le Cayllur de London., qui petit .xxij. s. et iiij°ʳ denarios de vadiis suis in servicio domini Regis [in Insula de] Gernes., tempore

dans la date de l'année et que l'acte a été joint au rôle de l'an 25 du règne. La vraie date est bien *anno quinto*, comme le prouve la mention « apud Wygorn. ». En effet les rôles témoignent qu'Edouard 1ᵉʳ se trouvait bien à Worcester, à la fin de janvier, la 5ᵉ année de son règne, mais non la 25ᵉ.

1. A la fin de cette pièce on lit : « [Re]sponsiones f[act]e ad peticiones Hibernie et Insularum Geres. et Gernes. exhibitas coram I. de Gerewyk, H. de Mcaunton..., Willelmo de Dene (?), Willelmo de Mortimer et Rogero Geaufou, quos R. assignavit ad hujusmodi peticiones recipi[endas] ».

quo Nicholaus de Cheyny fuit Custos Insularum etc., et asserit quod ipse alias habuit inde breve [de Cancellaria] ad distringendum predictum Nicholaum ad solvendum predicta vadia, et quod nichil inde est actum etc., dictum est quod si constar[et (?) per] Cancellariam quod predictus Thomas alias habuit inde breve etc., tunc habeat inde breve de novo ut prius etc.

. . . .

(En marge : Gernes.) Ad peticionem Ricardi de Catello[1] qui petit xiiij s. iiij d. de vadiis suis tempore Nicholai de Cheyny, Custodis etc., predictus Nicholaus sic inde allocutus dicit quod ipse inde non dum conputavit. Et ideo predictus Ricardus audiatur in redditione predicti conpoti, et ibi fiat ei justicia.

. . . .

XI.

9 juin 1323, *Cowick. Concession des îles à Henri de Sully, après Othon de Granson. — Pat. roll*, 16 *Ed. II, p. 2, m.* 5.

Pro Henr. domino de Sully :
R. omnibus ad quos etc. salutem. Sciatis quod pro laudabili servicio, quod nobilis vir et noster dilectus et fidelis Henr. dominus de Suylly nobis hactenus impendit et impendet in futurum, concessimus ei pro nobis et heredibus nostris, quod Insule nostre de Gernereye, Gereseye, Serk et Aureneye cum pertinenciis, quas dilectus et fidelis noster Otto de Grandisono tenet ex concessione celebris memorie domini E. quondam R. Anglie patris nostri sub certa forma, tempore quo ad manus nostras vel heredum nostrorum per mortem prefati Ottonis vel alio modo juxta concessionem predictam reverti deberent, remaneant prefato Henrico, si tunc vivat, habende et tenende ad totam vitam suam, de nobis et heredibus nostris, eodem modo et adeo plene et integre sicut dictus Otto predictas insulas modo tenet; ita tamen, quod post mortem prefati Henr. Insule predicte cum pertinenciis ad nos et heredes nostros integre revertantur. In cujus etc. T. R., apud Cowyk, .ix. die Junii.

1. Le Câtel, une des paroisses de l'île de Guernesey.

XII.

6 juin 1324, 1325 ou 1326, Jersey (?). Lettre de Gérard Derous, lieutenant d'Othon de Granson, à Henri de Clif et à Guillaume de Leicester[1]. — Arch. de la Manche, fonds du mont S. Michel. Copie.

A son tres chier ami mastre Henri de Clif le son Girard de Evrous saluz et vraie amor. Chier sire, sachez que monssieur de Grantson vint as illes au chastel de Gersuy le premier jor deu moys de jugn, le quel a tres grant desir de vos vaer et de vostre venue, por quoy, chier sire, ja vos pry tant comme je puis que vos plaise haster de venir et de amener tel compaignon o vos comme vos saveiz que mestier est. Chier sire, labbey du mont saint Michiel entent de envoyer aucun de sa gent par devers nostre sire le roy por empetreir aucune grace sus la detenance dun manoyr appeley la priourey de saint Clement, sus la quele detenance plusors bonnes genz deu pais dient que le roy nostre sire na pas grant droyt, et je maimes, por tant comme je me suy enforme de la chose, le croy vraiement, e vos le sauroyz plus plainemant, a la grace de Diex, a vostre venue es illes; por quoy, chier sire, je vos pry que il vos plaise au mesage deu dit abe portant ces letres estre gracious et conseillant, en manere comme mestier li sera, a esploiter la dite besoigne par devers nostre S. le roy. E vroyement, sire, il sont bien tels genz qui le saront bien guerredonner en lieu et en temps, et vraiement ce sera grant aumosne de ayder lour. A dieu, sire, qui vos gart. Escriptes le .VI. jour de jugn.

A sire Guill. de Lecestre en mesmes la forme comme desus est dit.

---

1. Henri de Clif avait été désigné en 1323 pour faire partie d'une commission de *justiciers itinérants* ou commissaires royaux qui fut envoyée cette année-là aux îles. Peut-être était-il question encore de l'y envoyer en cette qualité, cette fois avec Guillaume de Leicester pour collègue? On comprendrait alors qu'Othon de Granson et son lieutenant eussent intérêt à les flatter l'un et l'autre. — Le procès entre l'abbaye du mont S. Michel et le roi, au sujet du prieuré de S. Clément, dont il est question dans cette lettre, durait depuis l'année 1304. Il fut terminé le 10 mai 1328, par une sentence de la cour du banc du roi, qui donna gain de cause à l'abbaye. Les archives de la Manche contiennent un grand nombre de pièces relatives à ce procès.

XIII.

29 mars 1327, Westminster. Edouard III pourvoit à la garde des îles, négligée par Othon de Granson. — Pat. roll, 1. Ed. III, p. 1, m. 6.

De custodia Insularum de Gernereye, Jereseye etc. commissa : R. omnibus ad quos etc. salutem. Quia datum est nobis intelligi quod quamplures malefactores Insulas nostras de Gernereye, Jereseye, Serk et Aureneye de die in diem hostiliter ingrediuntur, homines et gentes nostras Insularum predictarum nequiter interficiendo et incendia domorum et alia dampna et facinora quamplurima ibidem perpetrando, ac dilectus et fidelis noster Otto de Grandissono, qui custodiam Insularum predictarum ad terminum vite sue habet ex concessione domini E. nuper regis Anglie avi nostri, in Insulis illis moram non facit hiis diebus, nec sufficientem custodiam in eisdem Insulis contra hostiles aggressus hujusmodi malefactorum ordinavit : Nos, securitati dictarum Insularum prospicere volentes, ut tenemur, ac de circumspeccione et fidelitate dilectorum et fidelium nostrorum Johannis de Roche et Roberti de Norton. plenam fiduciam reportantes, commisimus eis et eorum alteri custodiam earundem Insularum, necnon omnium Castrorum et fortaliciorum in Insulis predictis existencium, contra hujusmodi hostiles aggressus, ad faciendum omnia et singula que pro defensione earundem Insularum, Castrorum et fortaliciorum fore viderint vel viderit facienda, ita quod iidem Johannes et Robertus vel eorum alter, de exitibus eorundem Insularum Castrorum et fortaliciorum, per manus tenentis locum ipsius Ottonis in Insulis illis seu ballivorum suorum ibidem, tantum percipiant vel percipiat quantum pro custodia illa necessarium fuerit et rationabiliter fore viderint vel viderit faciendum. In cujus etc. T. R., apud Westm., .xxix. die Marcii.

Per peticionem de consilio.

Et mandatum est Ottoni de Grandissono Custodi Insularum predictarum vel ejus locum tenenti, ac universis et singulis militibus, liberis hominibus, et omnibus aliis de dictis Insulis, quod eisdem Johanni et Roberto vel eorum alteri in omnibus que ad salvam et securam custodiam Insularum, Castrorum et fortaliciorum predictorum pertinent sint intendentes, consulentes et auxiliantes, quociens et quando per ipsos Johannem et Robertum vel eorum alterum super hoc ex parte R. fuerint premuniti. T. ut supra.

Per peticionem supradictam.

XIV.

3 oct. 1336, *Leicester. Édouard III commet les gardiens G. de Montaigu et H. de Ferriers et leur lieutenant G. de Weston pour recevoir en son nom les fois et hommages qui lui sont dus dans les îles. — Pat. roll,* 10. *Ed. III, p.* 2, *m.* 21.

De personis ad homagia et fidelitates in Insulis recipienda assignatis :

R. dilectis et fidelibus suis Willelmo de Monte Acuto et Henrico de Ferariis Custodibus Insularum suarum de Gernereye, Jereseye, Serk et Aureneye, et Waltero de Weston., eorum loca tenenti in eisdem Insulis, salutem. Sciatis quod nos, de vestris fidelitate et circumspeccione confidentes, assignavimus et deputavimus vos et quemlibet vestrum ad recipiendum vice et nomine nostro homagia et fidelitates omnium et singulorum tam episcoporum, Abbatum, Priorum et aliorum virorum religiosorum, quam nobilium, militum et aliorum quorumcumque, que ipsi nobis facere tenentur pro terris, tenementis et feodis suis que de nobis tenent in Insulis predictis, et ad ipsos ad hoc, si ea facere recusaverint, per districciones et alias vias et modos quibus expedire videritis, et prout racionabiliter faciendum fuerit, compellendos. Et ideo vobis mandamus quod homagia et fidelitates predictorum nostro nomine ut premittitur et prout moris est capiatis, et cum ea ceperitis, nobis inde, ac de nominibus illorum qui homagia sua et fidelitates sic fecerint, nobis sub sigillis vestris vel alicujus vestrum distincte et aperte constare faciatis. In cujus etc. [1] per unum annum duraturas. T. R., apud Leyc., tertio die Octobris.

Per ipsum Regem.

---

1. In cujus rei testimonium has litteras nostras fieri fecimus patentes(?)

XV.

26 *mai* 1349, *Woodstock. Commission du gardien Jean Mautravers.* — *Pat. roll*, 23. *Ed. III, p.* 1, *m.* 4.

Pro Johanne Mautravers :

R. omnibus ad quos etc. salutem. Sciatis quod commisimus dilecto et fideli nostro Johanni Mautravers custodiam Insularum nostrarum de Gernereye, Jereseye, Seerk et Aureneye ac aliarum Insularum nostrarum eisdem Insulis adjacencium, necnon Castrorum nostrorum in eisdem Insulis existencium, habendam a die confeccionis presencium usque ad festum sancti Michaelis proximo futurum : dantes et concedentes eidem Johanni plenam tenore presencium potestatem quoscumque malefactores in eisdem Insulis, tam infra libertates quam extra, justificandi et juxta eorum demerita ac maleficia per ipsos perpetrata secundum leges et consuetudines earundem parcium puniendi et castigandi, et plenam jurisdiccionem, tam personalem quam realem, ibidem nostro nomine exercendi, ac omnes defectus Castrorum et Attiliorum eorundem ac omnium aliorum que reparacione seu emendacione indigent supervidendi, et pro reparacionibus et emendacionibus hujusmodi faciendis ordinandi, ac eciam precipiendi et faciendi quod soluciones, tam pro eisdem reparacionibus et emendacionibus, quam pro vadiis ministris et aliis in dictis Insulis et Castris commorantibus necessario solvendis, per Receptores exituum Insularum earundem racionabiliter et debito modo fiant, ac soluciones illas per dictum tempus testificandi. In cujus etc. T. R., apud Wodestok, .xxvj. die Maii.

Per breve de privato sigillo.

XVI.

16 *nov.* 1368, *Westminster. Nomination de cinq commissaires pour l'examen d'une accusation portée contre les lieutenants du gardien G. Huwet.*—*Pat. roll*, 42. *Ed. III, p.* 2, *m.* 8 *v°.*

Pro Nicholao de Angres :

R. dilectis et fidelibus suis Reginaldo de Carteret, Johanni de Serf, Johanni de Labette, Johanni Nicholao et Willelmo de Garys, salutem. — Peticionem Nicholai des Angres[1] coram

1. Les Augerez (S. Pierre, Jersey)?

nobis in Cancellaria nostra exhibitam recepimus, continentem quod Ricardus de Seint Martyn, Ballivus Insule nostre de Jereseye, et Johannes Cok, locum tenens Walteri Huwet, Custodis Insule predicte ac Insularum nostrarum de Gerneseye, Serk et Aurneye, Andream des Angres, fratrem ipsius Nicholai, in doma (*sic*) sua noctanter ceperunt, et ipsum usque castrum nostrum de Gurryk[1] duxerunt, et ipsum ibidem imprisonaverunt et male tractaverunt et postmodum in eadem prisona nequiter interfecerunt, et quod ipse sic interfectus in prisona predicta integer sine putritura hucusque jacet inhumatus, et quod iidem Ricardus et Johannes bona et catalla que fuerunt ejusdem Andree ad valenciam quingentorum florenorum ibidem felonice ceperunt et asportaverunt, per quod per plura brevia nostra mandaverimus Willelmo de Hasthorp., alteri locum tenenti Walteri Huwet Custodis Insularum predictarum, quod ipsum Ricardum premuniret quod esset in propria persona sua coram nobis et consilio nostro super premissis responsurus ad certum diem jam preteritum; ad quod idem Willelmus retornavit quod predictus Ricardus dixit se (*lisez* quod) coram nobis et dicto consilio nostro super premissis responsur*us* venire non tenebatur, per quod per breve nostrum mandavimus eidem Willelmo quod prefatum Ricardum attachiaret et ipsum coram nobis et consilio nostro in Anglia super inobediencia et rebellione suis in hac parte responsurum venire faceret; ad quod prefatus Willelmus respondit quod idem Ricardus in Normanniam diffugit ita quod ipse execucionem dicti brevis nostri facere non potuit; per quod postmodum per aliud breve nostrum mandavimus eidem Willelmo quod omnia terras et tenementa, bona et catalla ipsius Ricardi in manum nostram seisiri et terras et tenementa predicta extendi et bona et catalla predicta appreciari faceret et quod nos de extenta terrarum et tenementorum ac valore bonorum et catallorum predictorum nos certificaret in Octab*is* sancte Trinitatis prox*imo* preterit*is*[2], et quod venire faceret predictum Johannem Cok ad Octab*as* predictas, ad respondendum ibidem super premissis; ad quem diem predictus Willelmus retornavit quod predictus Ricardus nulla terras nec tenementa, bona nec catalla habuit in dicta Insula ita quod aliqua de suis in manum nostram seisire

---

1. Le château de Gorey, aujourd'hui Montorgueil, sur la côte E. de Jersey.
2. 11 juin 1368.

potuit : — quam quidem billam a dicta cancellaria nostra dilecto et fideli nostro Johanni Kuyvet Capitali Justiciario nostro liberavimus ad execucionem et justiciam inde faciend*um* prout decet, super quo ad quindenam sancti Michaelis proximo preteritam [1] coram nobis apud Westm. venit predictus Nicholaus in propria persona sua et predictus Willelmus in propria persona sua similiter venit ; et lecta et audita billa predicta predictus Willelmus dixit quod quo ad omnia in dicta billa contenta preter returnum dicti brevis in nullo est culpabilis et de hoc ponit (*suppléez* se) super patriam, et quo ad returnum dicti brevis dixit quod dictum breve bene et fideliter retornavit et quod predictus Ricardus in Insula predicta non fuit inventus postquam breve regium sibi inde liberatum fuit, nec habuit aliqua terras seu tenementa, bona nec catalla in Insula predicta, prout ipse retornavit : et de hoc ponit se super patriam; et predictus Nicholaus dixit quod predictus Willelmus culpabilis est de omnibus in dicta billa contentis prout ipse per billam suam queritur ; et hoc petit quod inquiratur per patriam, et predictus Willelmus similiter. — Recepimus eciam quandam aliam peticionem predicti Nicholai coram nobis in dicta Cancellaria nostra exhibitam, continentem quod dictus Johannes Cok, locum tenens antedictus, nocte sanctorum Philippi et Jacobi, anno domini milesimo tricentesimo sexagesimo septimo [2], duxit in domum Andree fratris ipsius Nicholai, in societate Ricardi de Seint Martyn, gentes suas, et per unum eorum ipsum ceperunt et ligaverunt et ipsum in prisonam nostram in Insulam de Gersuy duxerunt, et ipsum postmodum in eadem prisona falso et maliciose interfecerunt et corpus ejus in prisona predicta detinent hucusque, non obstante quod dictus Nicholaus prefato Johanni requisierit, et Juratis Insule predicte, qui legem in partibus predictis custodire tenentur [3], requiri fecerit de corpore prefati Andree fratris sui sibi liberando, qui responderunt quod per eos imprisonatus non fuit nec per eos deliberari debet ; et bona et catalla sua ad valenciam quingentorum florenorum felonice ibidem ceperunt et asportaverunt : — quam quidem billam a dicta Cancellaria nostra prefato Johanni Kuyvet, Capitali Justiciario nostro, ad execucionem et justiciam

1. 13 oct. 1368.
2. 1er mai 1367.
3. Les douze jurés, magistrats élus à vie, qui composent, sous la présidence du bailli, la cour royale de Jersey.

inde facien*dum*, prout decet, liberavimus, super quo ad quindenam predictam[1] coram nobis apud Westm. venit predictus Nicholaus in propria persona sua, et predictus ᴊohannes Cok in propria persona sua similiter gratis venit; et lecta et audita billa predicta predictus Johannes dixit quod ipse est locum tenens Walteri Huwet in Insulis predictis; *et dicit quod consuetudo Insularum predictarum est et a toto tempore fuit quod si quis com*morans in Insulis predictis rettatus fuerit de prodicione, felonia seu adhesione Regis Fran*cie,* quod statim per corpus suum attachietur, et ballivi Insularum predictarum, qui legem ibidem custodire tenentur, de hujusmodi prodicionibus et feloniis inquirere debent in presencia Juratorum Insularum predictarum, et quia predictus Andreas fuit male fame *et rettatus de felonia et* prodicione, captus fuit per ballivum dicte Insule de Gersuy, qui quidem ballivus de premissis in presencia Juratorum Insule predicte inquisivit per probos et leg*ales* homines ejusdem Insule secundum consuetudinem predictam, ubi compertum fuit quod predictus Andreas tam tempore pacis quam guerre diversos homines de ligeancia nostra cepit et imprisonavit et de eis diversas redempciones cepit, *contra ligeanciam suam,* per quod idem Ballivuɜ ipsum Andream usque Castrum nostrum de Gurryk duxit, et ipsum Constabulario castri predicti qui custodiam prisonum ex concessione nostra habet liberavit salvo custodiendum quousque secundum foros et consuetudines Insule predicte de prodicionibus et feloniis unde indictatus est fuerit deliberatus; et quo ad predictos quingentos florenos, idem Johannes Cok non cognovit quod tantum fuit, dicit quod postmodum predictus Andreas de feloniis et prodicionibus ut predicitur indictatus fuit, idem ballivus catalla ipsius Andree, que inventa fuerunt, cepit et arestavit, ad salvo custodien*dum* sub aresto predicto ad opus nostrum, si idem Andreas de prodicionibus et feloniis fuerit convictus, vel ad catalla illa eidem Andree *reliberandum* si idem Andreas de feloniis et prodicionibus predictis acquietatus fuerit, absque hoc quod ipse aliquid inde cepit; et predictus Nicholaus, protestando quod non cognovit quod predictus Andreas frater ejus fuit male fame seu rettatus de aliquibus prodicionibus seu feloniis, dixit quod consuetudo Insularum predictarum est et toto tempore fuit quod nullus attachietur nec imprisonetur ibidem

1. 13 oct. 1368.

antequam indictatus sit, et tunc nisi per vicecomites nostros de
Insulis predictis vel per mandatum nostrum, et sic predictus
Johannes Cok et alii predicti Andream fratrem suum de injuria
sua propria ceperunt, imprisonaverunt et bona et catalla predicti
Andree ceperunt et asportaverunt, sicut ipse per billam suam
queritur; et hoc petit quod inquiratur per patriam, et predictus
Johannes Cok similiter. — Et quia negocia predicta in Curia
nostra coram nobis in Anglia terminari non possunt, eo quod
Jurati Insule predicte coram Justic*iario* in Anglia venire non
possunt nec de jure debent, nec aliqua negocia de Insa (*sic*) predicta emergencia non debent terminari nisi secundum foros et
consuetudines Insule predicte, ideo totum recordum, tam negocii
predicti, quam negocii tangentis prefatum Willelmum de Hasthorp. supra expressi, mittantur in Cancellariam nostram, ut
ibi fiat com*m*issio nostra illis quibus nobis placuerit ad negocia
predicta debito fine terminand*a* secundum foros et consuetudines
Insule predicte; et super hoc venerunt predictus Willelmus de
Hasthorp., Johannes Cary, Johannes Causer, de Comitatu
Midd*lesex*, et Robertus Vernoun, et manuceperunt predictum
Johannem Cok, ac eciam supervenerunt predicti Johannes Causer, Johannes Cary, Robertus Vernoun et Johannes Gibbes de
Oxon., et manuceperunt predictum Willelmum, de bono gestu
virorumque (*lisez* virorum) eor*un*dem erga predictum Nicholaum, videlicet alterum eorum Willelmi et Johannis Cok sub
pena centum librarum, et eciam habend*i* corpora eorum in
Insula predicta ad respondend*um* predicto Nicholao de placito
predicto, si idem Nicholaus placitum suum predictum citra festum Pentecostes prox*imo* futur*um*[1] versus eos prosequi voluerit.
— Nos, volentes premissa debite execucioni damandari (*sic*),
assignavimus vos, quatuor et tres vestrum, ad premissa omnia
et singula, quatenus allegata et perplacitata existunt, in presencia
Juratorum Insule predicte debito fine terminand*um* et justiciam
partibus predictis secundum foros et consuetudines Insule predicte
inde faciend*um*; et ideo vobis mandamus quod ad certos dies et
loca, quos vos, quatuor vel tres vestrum ad hoc provideritis,
circa execucionem premissorum diligenter intendatis et justiciam
partibus predictis secundum foros et consuetudines supradictas
in presencia Juratorum predictorum faciatis indilate, ita quod

1. 20 mai 1369.

dicta negacia (*sic*) ad plenum citra festum Pentecostes predicte debite exequantur; et quid ad presens mandatum nostrum feceritis, nos in Cancellariam nostram Angl*ie* statim post dictum festum reddatis distincte et aperte, sub sigillis vestris, quatuor vel trium vestrum, cerciores. Universis insuper et singulis ballivis, ministris et fidelibus nostris in Insula predicta, tam infra libertates quam extra, ad quos presentes littere pervenerint, tenore presencium damus in mandatis quod vobis, quatuor et tribus vestrum in premissis faciendis et explendis in forma predicta pareant et intendant, cum per vos, quatuor vel tres vestrum fuerint super hoc premuniti ex parte nostra. In cujus etc. T. R., apud Westm., .xvj. die Novembris.

(Extrait de la *Bibliothèque de l'École des chartes*, t. XXXVII.)

Imprimerie Gouverneur, G. Daupeley à Nogent-le-Rotrou.